# 1. YOGA POSITIVITY 1

```
S E Y T G H G P W G
Z M H N R A W E U W _ vv Y
Y P L E A R B R K I T N P Y L
N O O M T M O G Z H T W F S O
B W F N I O I P Z E T J L C E
A E D G T N E Z R S C F E L Q
L R E I U Y K E S A M Q X A U
A M K L D B D E L H X O I R A
N E E A E N N M E N N N B I N
C N Q G E E N C G K T P I T I
E T F S R E A N A U Y Q L Y M
Q J S A S R M I H G E T I J I
T B W S G A Y S S I L B T E T
F A N O I T C E N N O C Y S Y
K H T N E M N E T H G I L N E
```

| | | |
|---|---|---|
| ALIGNMENT | CENTEREDNESS | EQUANIMITY |
| AWARENESS | CLARITY | FLEXIBILITY |
| BALANCE | CONNECTION | GRACE |
| BLISS | EMPOWERMENT | GRATITUDE |
| CALMNESS | ENLIGHTENMENT | HARMONY |

# 2. YOGA POSITIVITY 2

```
S T R E N G T H O V U Y O B E
P P N J Z K K Y O J E I D N T
B M O S S B F T C W B Z S O G
T S I E E M Y I V E L R M I S
O T T L R K F L I L F B I T P
L J A F E C P I T L Y X N A I
C H M D N I O U A B B I D X N
E E R I I V D Q L E P Z F A N
C A O S T M R N I I T V U L E
N L F C Y F E A T N I I L E R
E I S O L D N R Y G Q X N R P
I N N V I S E T V L Y X E N E
T G A E Z W W P W A M A S V A
A D R R K E A L P Q N D S P C
P H T Y R K L L A W E N E R E
```

| | | |
|---|---|---|
| HEALING | RELAXATION | TRANQUILITY |
| INNER PEACE | RENEWAL | TRANSFORMATION |
| JOY | SELF DISCOVERY | VITALITY |
| MINDFULNESS | SERENITY | WELLBEING |
| PATIENCE | STRENGTH | |

# 3. ABOUT YOGA

```
L I F E S T Y L E K H C R B
E H W Z E T D S Q H E T O V
M B Q F R H A C H L Q D E F
A N X P Q N A R A J Y B L Y
R U V L S S N C E Y O A U I
H W B K A W I M T L U J V I
S N R N D S O I B T C U G V
A I A K Y T N R I C F O E M
T S L H I U E R A I Y Y T A
H A P O M A I M I Z T M S N
Y K N N T P C T D P M I A T
J A I H S I M I N I P N M R
L L A T N E M L I R L D A A
A G O Y C P O S T U R E N A
```

| | | | |
|---|---|---|---|
| ASANAS | INDIA | NAMASTE | UNITY |
| ASHRAM | LIFESTYLE | PHYSICAL | YOGA |
| BODY | MANTRA | POSTURE | YOGI |
| BREATH | MENTAL | SANSKRIT | YUJ |
| EMOTIONAL | MIND | SPIRITUAL | |

# 4. YOGA INCREASES...I

```
D R T V Z N M Y G R E N E Y J
P R L Y H O L J H J P M Z B V
M A S T T I N B E H S V S G D
M L G I G T O O D C C C S N F
H U E L N A I D D H N I E M X
E C N I E L T Y H I V A N E W
M S D B R U C I A H C C L T Z
O A U I T C N M P E A Y U A Z
G V R X S R U A P A L T F B B
L O A E E I F G I L M I D O P
O I N L N C N E N T N N N L W
B D C F O I I F E H E U I I L
I R E Q B D A Q S W S M M S I
N A K C V Z R Y S O S M W M Z
R C G N I X B E D B G I O Q G
```

| | | |
|---|---|---|
| BALANCE | CARDIO VASCULAR | HAPPINESS |
| BODY IMAGE | CIRCULATION | HEMOGLOBIN |
| BONE STRENGTH | ENDURANCE | IMMUNITY |
| BRAIN FUNCTION | ENERGY | METABOLISM |
| CALMNESS | FLEXIBILITY | MINDFULNESS |

# 5. YOGA INCREASES...2

```
E D P N I S B N S W A X I R Z
C Q U Y K S L V T O N E A Z V
N U U S M E E T S E F L E S I
E A O P Z N M D K S L E E P T
D L B O S E R O T O N I N O A
I I J S F R Y Q D I U I W V L
F T H T L A E H L A T N E M I
N Y C U I W X K K S L V B R T
O O W R H A K H L V L B O V Y
C F Y E C F W E L L B E I N G
F L R I Q L R K B W P E A C E
L I S T R E N G T H L E B O Z
E F Y R W S H E G B H J K R C
S E V M S I M I T P O Q F H X
Y T I C I T S A L P O R U E N
```

| | | |
|---|---|---|
| NEURO PLASTICITY | QUALITY OF LIFE | SLEEP |
| MENTAL HEALTH | SELF AWARENESS | STRENGTH |
| OPTIMISM | SELF CONFIDENCE | TONE |
| PEACE | SELF ESTEEM | VITALITY |
| POSTURE | SEROTONIN | WELL BEING |

# 6. YOGA DECREASES...I

```
J I N F L A M M A T I O N J N
I B Y T S G O T U O N R U B D
H E A R T R A T E S E H C A Y
S C O N S T I P A T I O N Z C
I B O C L P L O Y P A N N S H
T C L B I I L G A P L O O I O
I F S O H N B U S E O I I T L
R Q R T O N W S T V S T S I E
H X G U Z D B S H Q I C S R S
T R R J K R S S M D T I E T T
R K J H M Z Q U A S R D R S E
A Y T E I X N A G E O D P A R
M N G Q D V X K S A C A E G O
B P T A I F D Z P V R P D X L
V I B L O O D P R E S S U R E
```

| | |
|---|---|
| ADDICTION | BLOOD PRESSURE |
| ACHES | BLOOD SUGAR |
| ANXIETY | BURN OUT |
| ARTHRITIS | CHOLESTEROL |
| ASTHMA | CONSTIPATION |

# 7. YOGA DECREASES...2

```
U L B D Y G L O G R A G E P H X
Q M S I T A M U E H R A G T D Q
P W H G N M E N O P A U S E H L
F E D Y I U E A O C W L G F Q D
T I W Q A A I A R K M A P Z D W
I G D P P N C L A U W N A W A Z
L H G A M I D S N O I S N E T W
R T L O T O X I C W A S T E J D
A H S A Y T I L I B A T I R R I
A N I P S I S O R O P O E T S O
I C Q M U S C L E F A T I G U E
S W V K P D V Y W K M L L M I D
C W V Q P K J I H T P H L E G M
I S M F D S T R E S S I L K E A
R P G X G N I L L E W S E M K P
Q H K V A R I C O S E V E I N S
```

INSOMNIA
IRRITABILITY
MENOPAUSE
MUSCLE FATIGUE
OSTEOPOROSIS

PHLEGM
RAGE
RHEUMATISM
SCIATICA
STRESS

SWELLING
TENSION
TOXIC WASTE
VARICOSE VEINS
WEIGHT

# 8. YOGA IS GOOD FOR...1

```
O G O H C A M O T S H W G A F
T G Y P L K I F C G K K C A B
T S Z E J N G E M R Z I G K I
S Y K M P E L E O X F R N Y U
E F L C H E G T U H I P S W S
H C W P O S S H O U L D E R S
C T R S W T R T A O R H T A B
A H O J T H T X H I X O I O Q
S I S I S S S U A J U J I B N
M G E X D E I L B Q L Y X K V
R H O Q Y B V R P J N E J W K
A S T E B M X O W S Y G G F K
K J V F X M I S E V L A C S C
Y O D K S E L K N A X Q Y K E
X C Y G S B Y E R N K I V D N
```

| ANKLES | EYES | SKIN |
| ARMS | FEET | STOMACH |
| BACK | HIPS | THIGHS |
| BUTTOCKS | KNEES | THROAT |
| CALVES | LEGS | TOES |
| CHEST | NECK | WRISTS |

# 9. YOGA IS GOOD FOR...2

```
D T Z C E E A R B E T R E V D
L I V E R H L A E G Y S V G P
M L U N G S Y J U A Q Y G E X
T D I V J O I N T S B E S D L
M I Y B X Q T F X C V N F R K
L Y S L A T R A E H F D Q C A
W K W O P B I B U M J I I B U
L N I O S P L E E N R K W F E
E X Y D H A M S T R I N G S N
S I V L E P V B M N H F Q U I
V S E N I T S E T N I C A L P
P A N C R E A S P X B I P K S
E C P L W Q P B R A I N Z K K
I J K Y D Y P V M U S C L E S
C S A C R A L N E R V E S O A
```

| | | |
|---|---|---|
| BLOOD | KIDNEYS | PELVIS |
| BRAIN | LIVER | SACRAL NERVES |
| HAMSTRINGS | LUNGS | SPINE |
| HEART | MUSCLES | SPLEEN |
| INTESTINES | PANCREAS | VERTEBRAE |
| JOINTS | | |

# 10. YOGA IS GOOD FOR GLANDS & SYSTEMS

```
P D S E T S E T O V A R I E S
L Q Z C Y L A E N I P I K M R
A D Z V T N E R V O U S U T Z
T F D S H J J E I E B G R P P
E O X Q K D V M V A Y V A A I
L E N D O C R I N E R Y L R K
E T Q B C J T B J Q A H U A L
K U E Y G S R G U M T R D T A
S S T V E P L A T V I A N H D
H U Y G R G A S Z R U I A Y I
H G I U G S N Q H C T M L R O
C D M L X D E G F I I M G O R
R Y S A U M R B Q G P U I I Y
J N N D Y F D H Z Y N N R D H
R E S P I R A T O R Y E K H T
```

| | | |
|---|---|---|
| ADRENAL | NERVOUS | RESPIRATORY |
| DIGESTIVE | OVARIES | SKELETAL |
| ENDOCRINE | PARATHYROID | TESTES |
| GLANDULAR | PINEAL | THYROID |
| IMMUNE | PITUITARY | |

# II. YOGA HISTORY PEOPLE I

```
B H A G W A N S H R E E R A J N E E S H
C Q E A A Y A S A H A M I R I H A L X L
T Q G K Y Q L K D S J A E Q H A U H C K
N K X Q R R S Y Q R I G R C X Z S W Y M
F O C M S J A Z J A O A B Y K E Q T H R
D A T A V C X H H U Y S D T E A V K I S
U V D U G A Y U C B X T G N R E W R G R
G I E Y V A F V C A M Y J X R D R I U S
O H S T F G T I E A R A E T G Q V N N G
R S I T I R C P H O R A K T L C R D L V
K D K F Q O F A U A U C K R P G G R B W
S R A R X N V Z Y G B D K N Q V K A P M
H O C N K I V R D S A U X I A P B D T L
A L H D R O A Q N M N V D E Y H Z E M G
N V A A K H Q X T I R B A D Q K S V P D
A A R V C Y Z Y R X Q Z C N H G U I Y J
T P Y A D R M P Z H O K M V I A E A D Y
H A D A L O R D K R I S H N A H N K P A
A S N N F H C W G T E W Z K S S B X Y Y
A E T G H S E H A M I H S I R A H A M O
```

ACHARYA RAJNEESH

ABHINAVAGUPTA

ADI SHANKARACHARYA

AGASTYA

BHAGWAN SHREE RAJNEESH

BUDDHA

DESIKACHAR

GORKSHANATHA

LAHIRI MAHASAYA

LORD KRISHNAI

LORD SHIVA

MAHARISHI MAHESH

MAHAVIRA

INDRA DEVI

# 12. YOGA HISTORY PEOPLE 2

```
P X S Z F X I X H F A V P M Q D T Q Z N F Y
G A F M F Y J N F F H C F M N O X Z A S Y K
V N R N W A X K I O P P G W E I A V R G O U
G O S A C X Y P C N Y B G T P G D K K S G I
L I O M M U P P A G A B E N S F T G L V I D
L P Y L A A U L M J V P R P A Y P D I U M S
T I A C M T H X R O Y K J A A J U H G Z C K
A N L N C I S A I H S R A H A M A N A M A R
G U J A U R A Y N F Y O W Y U T C A Y S H X
I V B D J J J U E S I U T R P B Y U Y P L W
R A N A N N R S M N A U D C O A F G A J D D
S B B F W A A A B W D Y H I O I M Y D V E R
D H F A G J C T E P I R O F H R T U N L O S
V Q G N R G Z R A C M E A G G S E D H F Z K
T W O C T I E W U P N P M N A W I R I I N B
T D U U C M M P Q K O I D P A N S R C O D X
L B Z S A X Z I U O Y H R W R T A B M J I J
D C M B J M C M D F D Z S P E L H N T Q R A
V R P I E U U Z G D P Y P O B V F P D A R W
C O X A Y R A H C A J U N A M A R G W A R V
I Q C F G Z S I O J I H B A T T A P B O Q U
A S N A H A M A R A P A N H S I R K A M A R
```

MATSYENDRANATH   PARAMAHANSA YOGANANDA   RAMANA MAHARSHI
MIRABAI          PATANJALI                RAMANUJACHARYA
MONK             PATTABHI JOIS            RISHI
OSHO             PRINCE ARJUNA            YOGI
PANINI           RAMAKRISHNA PARAMAHANSA

# 13. YOGA HISTORY PEOPLE 3

```
P X F S K Z P Z M F U Y B H V B W I   P Z G D W A
S W A M I S I V A N A N D A S A R A S W A T I Y
N S U R A D A S A M T S Q G E Y L T F P T Y M R
B E A G R J D Y S T A B Z E S J B M A S G R G A
Z T H G J A E S T S E I R P C I D E V W S C C H
K G K Y A L S N K E N A S I H S I R A T P A S C
Y P A F F U T A G J E D S G F K X B N J C U T A
W B D Y Z O Y A Y U K T E S W A R G I R I H L M
A A N M H T S Q H V J N B M Q U S P J V F V N A
X N A B K P T E X Q G R V L Y D C F Y M U Q R N
Z I N Q E Z E M P S R I A U R O B I N D O D I H
C U A O N Z S W A M I V I V E K A N A N D A C S
S Z Y L K T H K R E W O M D W T A W F O T U L I
U Z A K I J A R D N E G O Y I R H S A C I S R R
K Q L D D G M I F X R Y Z Z C P A M H P B X I K
Y F A I G F S M A T E B Y M L Y J A P G S R H I
W V V U L R K A K O V T Q U B R X U Z G W F E A
N W U A M R Q Q D M R I J F B C K N U N C Q E L
J I K H S J H L F I Q Z V M C J Y T Y A T T C A
E K I H O A O N H E S T U P Z E O T T H J F H M
A J M N T Y T L T W N L I W C E Y Z E J T X X U
L G A B X D E K A F T K U O U D B T U C U C N R
I F W L S X Z Q T P X P H T J P C L W U O B T I
R T S Y I H B W F K G Y V K C A Q E F F T G P T
```

SAGE
SAPTARISHIS
SHRI YOGENDRAJI
SRI AUROBINDO
SURADASA

SWAMI KUVALAYANANDA
SWAMI SIVANANDA SARASWATI
SWAMI VIVEKANANDA
TIRUMALAI KRISHNAMACHARYA

TULSIDAS
VEDIC PRIESTS
YUKTESWAR GIRI
VYASA

# 14. YOGA HISTORY HINDU SCRIPTURES

```
H P B L E B Z N N C R T W B F N L X B V S V R O
E I S W A R A Y O G A U B L Z P M N B D J Q Q C
T X X O F E J W G A T R A P C P L Y M A G V G X
C N N E F V A K I P I D A R P A G O Y A H T A H
X W B H A G A V A D G I T A W V V A I Y V H M K
U U M O A R I O X L M S L E K H D A M Z V B S Z
E D V E D A S B J E X W F G E O D U E M C L J S
X D K E Y H T J F K S K N V R E Y A F T K Q Y L
S H E V T M I Q G S N A Z A V B Y Y T C K O X T
S A K R E T F L R L T F W R A T Y S S V G X N S
B V M Q R P Q N Q I R S U N S L S Q M A K P B M
W G P A I A S F G T A J A D A H C A V O O B R R
F I A Y V P G J D V A R A A I G D A A T O F D I
B T X B M E H O I Y U H Y V C E S J J E B Q R T
Z A Q E M Z D S C P S Q A Y V I L M S B Y F H I
I P V W W D W A A I R S H G S S N U Z C L P V S
R U Z O J N W T N T A A I H R P E P L I O K C H
Q M O N H M A A V M I R T I L Z F D N J H Q U Y
C Q X V S V P C H V F H O R B W J D R S M C G E
M M T B A U F I K U A V N B V Z Q K I M J U T M
R C Y G D H T L C A T I H M A S A D N A R E H G
V N A K A A H J Q L A T A R A H B A H A M Q W W
Q H Y O G A S U T R A O F P A T A N J A L I I H
B Z R M W B F Y A N A R U P U N H S I V U F I R
```

| | | |
|---|---|---|
| BHAGAVAD GITA | RIG VEDA | UPANISHADS |
| BHAGAVATA PURANA | SAMAVEDA | VEDAS |
| GHERANDA SAMHITA | SHIVA SAMHITA | VISHNU PURANA |
| GITA | SIVA SWARODAYA | YAJURVEDA |
| HATHA YOGA PRADIPIKA | SMRITIS | YOGA SUTRA OF |
| HOLY BOOK | SWARA YOGA | PATANJALI |
| MAHABHARATA | UDDHAV GITA | YOGA VASISHTHA |

# 15. YOGA HISTORY

```
N P Y O G A S A D H A N A B S M M S
Y G A X K D J Y X R Y Y Y B M F C E
F T Q N C D E D E I W F M A K L O G
A E E U C R G T K E D I T C X K D A
I R Y I O H S D E H L Y A B F Q S T
W F K S C A A M A T K I T E Q M H S
F E Y M M O Z M H G D O J P U O C N
R M S A N U S G A N G J M I Z D H R
F Y G T U L I E I H J A T C A S S E
L O J I J E M O F W A Y M S U I J V
Y D V S X E T I E I A V N A T W E E
S A R T U S A G O Y L S R T T Q K S
Z L R B U D D H I S M E Y A J H W G
Y E L L A V S U D N I N N A T P S F
B R A H M A N Z H O V P A I Z A I A
I N D U S S A R A S W A T I V E P I
S W O V T A E R G E V I F U A I D F
H I N D U I S M T N Y H Q P S B D P
```

ASHTA MAGGA
BRAHMAN
BUDDHISM
DIVINE LIFE SOCIETY
EIGHT LIMBS
EPICS
FIVE GREAT VOWS

HINDUISM
INDIA
INDUS VALLEY
INDUS SARASWATI
MYSORE
PANCHA MAHAVRATA

SEVERN STAGES
WEST
WISDOM
YOGA MASTER
YOGA SADHANA
YOGA SUTRAS

# 16. CLASSICAL YOGA

```
X K B U A X W W R L B T M Y A Y
F O P A C R H E N Q U I R Y T U
M Y U E H G E Y P X M F P J J C
D M R E V T W I J G M H F W N L
Y A I N Q O A H U L D F J R A A
D N F E P P W H W R S B X B N S
N T I R K O M N W O X H C I A S
D R C G U A F I T K A A U M P I
E A A Y N S P A N C N K R X D C
V E T U D H G V T D X T G N F A
O A I L A T S I N P F I R H K L
T T O Z L A O J S D R A J A X M
I Y N X I N R A Z V I Z V T X T
O I R Z N G M E D I T A T I O N
N H J W I A K A R M A I U B X F
R E C I T A T I O N G X I P U S
```

| | | |
|---|---|---|
| ACTION | ENQUIRY | MEDITATION |
| ASHTANGA | HATHA | MIND |
| BHAKTI | JNANA | PURIFICATION |
| CLASSICAL | KARMA | RAJA |
| DEVOTION | KUNDALINI | RECITATION |
| ENERGY | MANTRA | |

# 17. MODERN YOGA

```
U T S L M N K Q P Y R L X V L S
R A S W F O N X Q E R E Q X I T
X G O E T X V M S D T O J V Y L
J V I W R A P T L O N N A A G Q
U A U C R R O O H S I N Q S C S
N V O A U R O G N Y A J O A U B
A Q W K A S A F W N I R E P A H
B S L T V M S U D Y C R F N B B
F R I Q R R L A E A I M A D C G
U V U A H A N N U A A N M V G A
E L H Q P U G U L R D B A V S M
N D L I S A X Q K A R Q O A T M
Z I R A R G G I V E U M Y P R X
W K R E X N B Q W A K N D G G I
P A F B A B Q O U B I R K P N U
T Z D Y K Q P H L V N M H X E J
```

ACRO
AERIAL
ANANDA
ANUSARA
AQUA
BIKRAM
DHARMA

FORREST
GOAT
HOT
IYENGAR
KRIPALU
POWER

RESTORATIVE
SUP
SWARA
VINYASA
YANG
YIN

# 18. KARMA YOGA

```
T S K S S I J V D Q S C Z S A K C T Y M
K X P O I Q Z H N S G J H C E Y M D L S
E A B I F L A W E I N C T I O R D G C S
T N R K R R O L Q I E I X U N J V B Y T
V B N M M I F N A U O F T E X D D I M B
U Z F A A L T K A N L C J U H G U Y C G
Z V V H E G D U Z T O O I D D L P I V E
U Z B S A J A A A M I I X V Q A J U S R
D T L Z G T Q M E L N G T X V N R F M M
C F I U J X T S A I L S D A J J J P L I L
H I D Q Z F M A B M P I D A C A F C J W
N X S A H H R P C V R W B R V I Y S M V
R L L H T D R U A H R A V E A A D J F U
E O F E W A B A I Z M F K K R W G E N K
K R J I Y D H M O T I E Q Q U A E A D I
A P I E H S C C S A S D N S X V T R H S
C R R Z K X S G K E A A P T Y J U I W B
E G A O O D K G F O O T X D S T M H O R
T O M Q B U P L X K J E Z P S X U H G N
N T D D U L M X D K D V D S R T I D V V
```

| | | |
|---|---|---|
| ACTION | FRUITS | PRAYER |
| ATTACHMENT | HINDUISM | REWARDS |
| BHAGAVAD GITA | KARMA | SELFLESS |
| DEDICATION | KARMA MAGA | SPIRITUAL |
| DHARMA | MOKSHA | LIBERATION |
| DUTY | OUTCOMES | SERVICE |

# 19. JNANA YOGA

```
S  E  L  F  R  E  A  L  I  S  A  T  I  O  N  B  O
K  J  N  S  D  N  M  E  W  U  D  P  X  Y  N  I  Y
S  S  E  N  S  U  O  I  C  S  N  O  C  F  L  E  S
K  N  O  W  L  E  D  G  E  R  U  N  O  A  F  Q  B
S  U  A  Q  C  A  G  G  R  N  U  V  N  F  O  N  G
S  L  A  U  T  I  R  I  P  S  R  A  I  F  Y  D  N
E  A  A  T  J  U  V  R  V  D  N  B  M  V  N  Z  I
N  J  E  M  O  K  S  H  A  J  T  M  A  X  C  M  D
E  N  X  J  D  Q  O  L  B  C  D  H  O  T  L  E  N
R  A  Z  P  O  K  F  Q  I  L  F  U  H  L  E  D  A
A  N  C  E  B  W  Z  V  R  M  C  P  W  P  H  I  T
W  A  P  A  K  R  L  H  H  S  S  J  C  R  C  T  S
A  M  F  Z  O  Z  A  D  E  L  W  C  A  X  Y  A  R
F  A  N  J  P  B  H  H  L  V  R  G  W  K  P  T  E
L  R  H  Z  K  U  E  A  M  E  R  N  C  A  C  E  D
E  G  C  L  C  Q  A  G  R  A  I  Y  T  E  S  F  N
S  A  R  C  W  C  S  F  M  K  N  H  G  N  K  V  U
```

| | | |
|---|---|---|
| BRAHMAN | MEDITATE | SELF CONSCIOUSNESS |
| JNANA | MOKSHA | SPIRITUAL |
| JNANA MARGA | PATH | UNDERSTANDING |
| KNOWLEDGE | SELF AWARENESS | WHO AM I |
| MARGA | SELF REALISATION | |

# 20. BHAKTI YOGA

```
L E D U P A R L O V E B T Q O N T
O C O S O L I L V F H S P C C I O
L I G H M Y X C D V J G O F H H P
A T L B H A K T I M A R G A A I T
N C A U C Y A F V O S Z Z L N C B
O A N M E S T T I P A X T D T V H
I R O R H M I A N J N P U B I O A
T P S S M R G M E K A I N H N P L
I L R D I Y D I E T R C O A G E K
D A E C A M A L K S U F I K S N T
N U P R T A V N K H P O T T S J I
O T P O V N A A J A M S O A E J G
C I L M K T G D J R P I V W N J F
N R I G T R A U X E O R E H E T I
U I L Q N A H N O K L D D Y N Y O
F P H Z C K B Y V S Z O L G O T F
X S N H A R M O N Y R Q U W N P E
```

| | | |
|---|---|---|
| BHAGAVAD GITA | HARMONY | PURANAS |
| BHAKTA | LOVE | SHARE |
| BHAKTI MARGA | MANTRA | SPIRITUAL |
| BHALKTI | ONENESS | PRACTICE |
| CHANTING | OPEN | TAMIL NADU |
| DEVOTION | PERSONAL GOD | UNCONDITIONAL |
| DIVINE | PRAY | |

# 21. RAJA YOGA

```
A T L Q L M L N B I W S A I R L Q S
K N Z O C B F W K L M C G A A N Y E
T N D C T Z K V I A D W N S P F D L
P W I I Y F H L N J Z L A B M O S F
B P S S D R V A G N X C T M S Y N R
S K C L O X O C S A R O H I A H I E
E Q I O B S B I E T A N S L R U G A
L R P J I Y L S T A J T A T T I N L
F G L M I N D Y A P A R V H U B P I
C A I K B M N H R I Y O A G S H P S
O X N B O F I P T H O L E I A T F A
N B E R O G Z P N S G S G E G K R T
T I A E S G E U E I A F M J O R S I
R J W A W E G W C R D O K L Y X A O
O I E T P S K T N A S A M A D H I N
L O R H C V E J O H C A T G F B C O
N Q V W J X I C C A R O Y A L L E V
Y U H S N Q C V S M V Z P O S N B F
```

| | | |
|---|---|---|
| ASHTANGA | EIGHT LIMBS | RAJA YOGA |
| BODY | KINGS | ROYAL |
| BREATH | MAHARISHI | SAMADHI |
| CONCENTRATED | PATANJALI | SELF CONTROL |
| CONTROL | MIND | SELF REALISATION |
| DISCIPLINE | PHYSICAL | YOGA SUTRAS |
| EGO | | |

# 22. PATANJALI 1

```
A T S K B Z P D A Y S V H X Z C
B W F E S U H H I H L S F H Q S
B K T O R Y S D A T E C N B N J
H C U I A U A R I R S O M O Z C
C L T N R M M Z U O I A I W X A
X Y A U A O A T U T T T A F R B
J L P S N N S L A E A M V A U Y
B V E Y A O L T R R A B H I Y P
K A Q R P A I I T Y R A T C R I
L E A Q T D A N I E Y I H A A D
X H P X E L E N A T R I N S N I
D S X M I C D T A K T A A I C H
M J K T N T H R A T Y N M N A B
H S Y O Y I P R A A A E A N C Q
V X C Y N M P C M D O S G D H L
L D C G X U Z A O S C N R N P Y
```

| | | |
|---|---|---|
| ASANA | MATERIALITY | PRANAYAMA |
| BREATHING | MEDITATION | PRATYAHARA |
| CHITTA | MIND | PURITY |
| CONCENTRATION | NIYAMA | PURUSHA |
| DHARANA | POSTURES | SAMADI |
| DHYANA | PRAKRITI | SOUL |
| HARMONY | | |

# 23. PATANJALI 2

```
N W I T H D R A W A L O F S E N S E S V
I S E L F R E S T R A I N T Y Z Y T Y F
Y E P E S E L F P U R I F I C A T I O N
A Q H J U Q H U R O V W L E Y C S A R Y
M U E M K Y A M A P T W I F Y B T C K K
A E P D A V X L C R N C M U T R S D B E
S N N R U R I P T G Z O B G U E A H T S
M T F O A A S A N A O N S M P A L A P S
E I N S G N D S V J A C Q P I T V R R D
D A E L L F A B Y F W E S I D H A A A A
I L V L D J G Y C S Y N T W H C T N T O
T G E Y C F I X A K O T E C Y O I A Y V
A R Y P C P R Q D M G R P Q A N O I A H
T O Z M P O H S J M A A S W N T N V H Z
I W I O H S I T A D S T A F A R C F A C
O T H R W T J X T X U I M E U O A T R Y
N H U S K U Z X F S T O A S L L C K A T
G R G J Q R M X N C R N D F R V T X U Q
P S A Y P E Q N Q J A B H G Z J M Q F G
C C G M O S O H C F S V I O A O G Z K C
```

| | | |
|---|---|---|
| ASANA | NIYAMAS | SELF RESTRAINT |
| BREATH CONTROL | POSTUERES | SEQUENTIAL GROWTH |
| CONCENTRATION | PRANAYAMA | STEPS |
| DHARANA | PRATYAHARA | WITHDRAWAL OF SENSES |
| DHYANA | SALVATION | YAMA |
| LIMBS | SAMADHI | YOGA SUTRAS |
| MEDITATION | SELF PURIFICATION | |

# 24. YAMAS

```
M D M A T Q F S J A Y R A C A M H A R B
E L R X Q O C T K P W G Q H B P K I U M
A O Y T E I C O S A S Y G O F C M D X P
G R L S H P O D T R W E D O C L A R O M
G T E V F S P I R I T U A L U P L I F T
Q N S B O I K N C G R Z D F A L X D S O
B O P T N E M H C A T E D Y V U Q U X A
M C E B G P Y F V H W S P M Q T C Q U Y
Y G A H N G D Q A A B H F F A L A G R I
L Y K T N I A R T S E R F L E S L W C B
D Y T K E T H Q B T U Y I A W J N K T I
N L R U O I V A H E B S U O I C S N O C
E F U Y A M A O Q Y A Q V S A T Y A G P
I G T Y L E E A Y A W F J D C K I K Z N
R G H X E V I S S E S S O P N O N Z P Q
F T H O P A Q M S E G R U L A U X E S N
L X T I M R J I N O N S T E A L I N G D
J U D B A D D H H R Y C V P C U T W R Z
N R W O D I I A U L K A I V A L Y A J T
Y Q A W E N O N V I O L E N C E L T X O
```

| | | |
|---|---|---|
| AHIMSA | FRIENDLY | SELF RESTRAINT |
| APARIGAHA | KAIVALYA | SEXUAL URGES |
| ASTEYA | MORAL CODE | SOCIETY |
| BRAHMACARYA | NON POSSESSIVENESS | SPEAK TRUTH |
| CONSCIOUS BEHAVIOUR | NON STEALING | SPIRITUAL UPLIFT |
| CONTROL | NON VIOLENCE | YAMA |
| DETACHMENT | SATYA | |

# 25. NIYAMAS

```
Q X C E R U T A N E U R T I A N N
S J P R Y I A S E Y P O R S U Q O
A H F Q A N X I D T I N Z H T A I
L S E Z R N J M J I R C N V H Y T
Q E F N B E G P D R H R O A E A A
G L O I V R S L X U S F I R N Y C
M F U Y Y G A I E P G P T A T H I
D S S A E R N C B M O P A P I D F
O T S M R O T I N H E F C R C A I
Q U A A I W O T Z A P Q I A I V R
N D P S S T S Y C L M X D N T S U
M Y A O E H A E U U D X E I Y Z P
T I T I D K V O U Y K A D D N C F
S A U C A T S N J P T N S H Q A L
T N E M T N E T N O C M Q A O F E
H F S P I N O I S S A P K N K D S
L A N O I T I D N O C N U A R E Z
```

| AUTHENTICITY | PASSION | SIMPLICITY |
|---|---|---|
| CONTENTMENT | PEACE | SOUL |
| DEDICATION | PURITY | SVADHYAYA |
| DESIRE | SANTOSA | TAPAS |
| INNER GROWTH | SAUCA | TRUE NATURE |
| ISHVARA PRANIDHANA | SELF PURIFICATION | UNCONDITIONAL |
| NIYAMAS | SELF STUDY | |

# 26. KRIYA YOGA

```
W H C O N C E N T R A T E T X C N U L E
L S M N F X X D U F S J N X W T V V B P
G Z J M J G B Z Z Y H Z F A L V B O Q M
T R A W S E T K U Y I R S Y S Y K C I J
X D H S T W A Y A S A H A M I R I H A L
Y L J S E L F R E A L I S A T I O N A D
Z V Y E W X T E N L B S H E P W I G K C
H X R P C V R L O R T N O C H T A E R B
P G U J B A L B L R Q V T W B R Y V X V
K A N D Z Q F Y X P R A N A Y A M A V B
I G O Y A F O Y H P A R G O I B O T U A
E N O I T A T I D E M V I E H M V L L P
R W N W O D N Z A O J J L J C U G L R B
D J K U M S P I R I T U A L E N E R G Y
D P P M Z K R T E C K R I Y A Y O G A J
M G T D L I F E F O R C E A E Y B V P M
L Z K P X N G J M A Q C O G X E N I P S
N P A R A M H A N S A Y O G A N A N D A
B E S Q G G S I Z R N B Y K I Z X Q D P
C K M E I J A B A B R A T A V A H A M M
```

AUTOBIOGRAPHY OF A YOGI
BREATH CONTROL
CONCENTRATE
DOWN
KRIYA YOGA
LAHIRI MAHASAYA

LIFE FORCE
MAHAVATAR BABAJI
MEDITATION
PARAMHANSA YOGANANDA
PRANAYAMA

SELF REALISATION
SPINE
SPIRITUAL ENERGY
SRI YUKTESWAR
UP

# 27. PRANAYAMA BREATHING BENEFITS

```
G L C O N C E N T R A T I O N B Q E
N P W X E L U N G C A P A C I T Y B
I U C A E O Y T H U T R G M N E S C
K R T C K T G E R M S E E L M N Y P
N I E V A J S S W A D T A T J T T B
I F N L G R P A L K S M C A I U O B
H Y S C A H B E W Y N D L R T X D R
T U I I Q X R O S C M L A T J J N A
E P O G S T A S N U I L I S U A S I
V O N N N T U T C D C L L Z P Q A N
I Y X E T O O U I L I G O S Z J J W
T J S Y V G S X A O B O E B R Y Y Y
A S A R G G L T I S N F X H A I W F
E V E F K E N S C N I T J I U T B D
R N V T Z E N J N L S J G C D X E A
C D N O M U J T U M C S S I E E S M
Y A P D I G E S T I O N R H C A M Z
P H Y S I C A L W E L L B E I N G O
```

ALERTNESS
BRAIN
CARBON DIOXIDE
CONCENTRATION
CREATIVE THINKING
DIGESTION
GERMS

LIFE SPAN
LUNG CAPACITY
MENTAL CLARITY
METABOLIC WASTE
MUCUS
NERVOUS SYSTEM

OXYGEN
PHYSICAL WELL BEING
PURIFY
RELAXATION
TAXINS
TENSION

# 28. PRANAYAMA BREATHING TYPES

```
G U X O Z A R E C H A K A X N C
R S V U W C I I R A M A R H B T
M W K P R A N A Y A M A J O I H
G O Y J Z V P R N L R I S X D I
X L P A B E E W A S L J E A I S
N L P P J G N A D X I K Z K X S
R E U C L J F K I O R A W I E I
A B R K Y T U A S J A P I R M N
V T A Z X I Q H H Y K A N T L G
A B K A F L G B O F A L V S Q B
D L A X Q A N M D U T A T A O R
X N I H T T I U H P E B M H T E
R A V W R E L K A W E H H B P A
G A K G C E O K N F H A J Q J T
J G N V S H O N A S S T H W L H
P I F X Y S C G M J Z I J J D U
```

BEE
BELLOWS
BHASTRIKA
BHRAMARI
COOLING

HISSING BREATH
KAPALABHATI
KUMBHAKA
NADI SHODHANAM
PRANAYAMA

PURAKA
RECHAKA
SHEETAKARI
SHEETALI
UJJAY

# 29. PRANAYAMA BREATHING I

```
Q B R E A T H O F F I R E W J P
C H A N D R A B H E D H A N A J
A L T E R N A T E N O S T R I L
Z G O F F M G A R H P A I D N U
J L X S T O H G N I H T A E R B
X A V O P C C O N T R O L X J G
F N C A B H Y A N T A R A B S W
B I O A M O L I V A M O L U N A
L M O L F T A A Y A M A Q G U C
O O L Z S W O L L E B K E H R K
O D I H B Y A D B H R A M A R I
D B N H Q N O I T S E G I D A M
F A G X T A K I R T S A H B Z D
L A U A M G C U F V I T H B J G
O M R Y L H M Q G X B R A I N S
W A P B R E A T H C O N T R O L
```

ABDOMINAL
ABHYANTARA
ALTERNATE NOSTRIL
ANTARA
ANULOMA VILOMA
AYAMA
BELLOWS

BHASTRIKA
BHRAMARI
BLOOD FLOW
BRAIN
BREATH CONTROL
BREATH OF FIRE

BREATHING
CHANDRA BHEDHANA
CONTROL
COOLING
DIAPHRAGM
DIGESTION

# 30. PRANAYAMA BREATHING 2

```
U H H E I E L K U M B H A K A V
M E U M T X I K U M B H A K A H
Q X M I A H F V X Q T D C S N Z
Q T M N H A E T Y A U K E Z K A
S E I H B L F S S Y K I P P Y J
U N N A A A O V S D T F Q Q C I
C S G L L T R I U I V B Z D W M
O I B A A I C P R G N I N E V E
F O E T P O E U H G E X H A L E
R N E I A N P X Z A U K G N U L
I T V O K M T U E J R F G H S I
J H K N I J T Z C Q W M R L Q O
D N O I S N A P X E U I O B P N
V E L A H N I M U I Y A A N K B
I N T E R R U P T E D H L V Y L
G L O T T I S V X H Z D N O J P
```

EQUAL
EVENING
EXHALATION
EXHALE
EXPANSION
EXTENSION
FOCUS

GLOTTIS
HARMONY
HUMMING BEE
IMPURITIES
INHALATION
INHALE

INTERRUPTED
KAPALABHATI
KUMBHAKA
LIFE FORCE
LION
LUNG

# 31. PRANAYAMA BREATHING 3

```
S S Z M P H G F R V H D A I N O
J R A N V N F N M B C B A H M N
B N E M O V N E I L X V Y D A A
S A E S A O E E C N B Z Q D N E
L M N R R V N Q G A R C M U A C
L Y N A V F R F P Y E O M S H O
E N O T R O I I I U X P M I D N
C W I H M P U Q T P R O K D O O
D O T G R U R S A T S N N A H I
O L A I B H S A S K I V A N S T
O L X N R Z Y C K Y A L L L I N
L L A D T U A T L A S R J L D E
B A L I V M P S H E H T U F A T
D H E M E X C A D M S C E P N E
E S R W V O N V N V H K E M G R
R Z R Z D Z N F E R S E F R V A
```

| | | |
|---|---|---|
| MIDNIGHT | OCEAN | RED BLOOD CELLS |
| MORNING | OXYGEN | RELAXATION |
| MUSCLES | PEACE | RETENTION |
| NADI SHODHANAM | PRANA | RHYTHM |
| NADI SUDDHI | PURAKA | SAMA VRITTI |
| NERVOUS SYSTEM | PURNA | SHALLLOW |
| NOON | RECHAKA | |

# 32. PRANAYAMA BREATHING 4

```
M D N O I T A L I T N E V V U N Y
B Q C U W Y A J J U Z N D S O A T
W Y G R E N E L A T I V V I M D P
Y T I L I U Q N A R T I S A O L V
U P X D P F J Z E Z J N L N L Z I
I R A K A T E E H S E R S W C D S
Y Z B V H S S J L T X I P Y M V H
O S V I T G L I X S T O Y R M L A
G I I C S S A U M K S A E S F S M
A T T T H H X M A H D H N F U P A
S A A O K E M R O W A N R N R P V
H L L R L E I M I L W S E F D Z R
A I I I P T T K T O I V A F Q S I
S H T O G A O S L F E V T N S H T
T B Y U J L O S G N B W N F A S T
R K Z S V I V G U I J U A S P O I
A N G N I N I H S L L U K S J B X
```

| | | |
|---|---|---|
| SHEETAKARI | SUN | SVILOMA |
| SHEETALI | TENSION | VISHAMA VRITTI |
| SIMHASANA | TRANQUILITY | VITAL ENERGY |
| SITALI | UJJAY | VITALITY |
| SITKARI | UNEVEN | YAMA |
| SKULL SHINING | VENTILATION | YOGA SHASTRA |
| SLOW | VICTORIOUS | |

# 33. PRANAYAMA - NADI SHODHANAM

```
L F E J R M S X G T A M B B C R J H G A
R N O I T N E T E R C X J W M I N G C M
I I D Z S E I T I R U P M I I G M U F O
S X X I H D D U S I D A N A L H Y N B D
H O R U S U G N I H T A E R B T X B O N
I Z E C T A R T Y R O T A R I P S E R
G J S W A M O L I V A M O L U N A K K G
H O C T R M A N A H D O H S I D A N Z H
E W O M K S N O I T C U R T S B O F O D
R G K H Y D O B L A C I S Y H P S Y W L
A J N R L I R T S O N E T A N R E T L A
N L C I L V F N T H G I A R T S K C A B
D P D F N F B I Q B S Y Z J I W R N W G
A K R J Z A V U N U Q U Z Y N A O D Z I
W L S S I G E E I G O M L L H A H I B E
Y M L A L B W L X S E L V I A O D L B S
A D V Z B A F U C H E R E X L E I I U M
J I M I S V Z O C F A C S O E G A T S W
K U V H W M H Q T I H L A Z E I N W D G
J J M V G S G S M B S K E U A M Y T D J
```

| | | |
|---|---|---|
| ALTERNATE NOSTRIL | IMPURITIES | OBSTRUCTIONS |
| ANULOMA VILOMA | INHALE | PHYSICAL BODY |
| BACK STRAIGHT | LEFT RIGHT | RESPIRATORY |
| BREATHING | NADI | TRACT |
| CLEANING | SHODHANAM | RETENTION |
| EXHALE | NADI SUDDHI | RISHI GHERANDA |
| FINGERS | NADIS | |

# 34. PRANAYAMA-UJJAY

```
H W N O U P T V E G U S P X B A
F J H Q A D W S N Q N N O W C N
P L I E O Z S G N E N M U G O A
J C F E M E S O H O Z D S I Y S
X J T E R I I P I Z A X S G L C
F Z C T T S Q T E I J N L A J B
T B S T N W A S A E E M N K A D
T U O A H L G I L T D I A F E O
S L P K I N N R O Z M K J T A G
G X H T U M F S B O A H C M Y M
E X N L O U B X D Y J A G A R B
K E Z S D T K B E T R E J L G W
V Q N N G R A Z U T L J K W A Z
B I U N U R U J N H U A O Z A M
I O K R Z I Q O P I H L S S P D
S Z R Z V N C V Z V S K U P M C
```

| | | |
|---|---|---|
| ABDOMINALS | INSOMNIA | SOUND |
| CONTRACTED | LUNGS | STRESS |
| DEEP | PHLEGM | TENSION |
| EXPANSION | SA | UJJAY |
| GLOTTIS | SLOW | VENTILATION |
| HA | | |

# 35. PRANAYAMA - BHASTRIKA

```
V M U E A T F V N D P F K D X K
S G M O L K M U I G P W O W D Z
W W N H K A U O X G N N Z Y X U
A P O O A A T N R A O O G C A A
A W E L B F P E D N Z R R X Y U
W K A L L R A A N A I P O T T O
S V I K V E E S L T L N U U S D
X A Z R E I B A T A E I G M S P
H X C E T N C H T P B N N Q P E
D C F R X S Q F Q H E H E I Q H
M J A J U K A G L M I G A R L T
O X Q M X M I H O O D N C T G Y
M T P A O J A D B H O P G G I Y
K J B Y V T B D E I H R I N K K
E L X R N A S A V I G R R I B B
G L W B Q X T L T D Z W F M Y L
```

| | | |
|---|---|---|
| ABDOMEN | HEAT | PUMP |
| AWAKEN | KAPALABHATI | SACRUM |
| BELLOWS | KUNDALINI | STOMACH |
| BHASTRIKA | LATENT ENERGY | STRONG |
| BREATHING | MORNING | VIGOROUS |
| FAST | PELVIC FLOOR | |

# 36. PRANAYAMA - KHABALABATI

```
G  Q  O  N  O  I  T  A  C  I  F  I  R  U  P  V
R  T  I  W  G  Z  G  N  I  Z  I  G  R  E  N  E
Z  R  G  W  K  T  A  M  A  R  K  A  T  A  V  C
A  M  A  R  K  T  U  Y  V  C  X  H  N  Z  P  T
Y  O  K  L  E  V  I  T  A  T  I  D  E  M  R  O
Q  S  S  S  N  O  I  T  C  A  R  T  N  O  C  G
K  N  O  I  T  A  N  I  M  U  L  L  I  C  Y  E
R  L  Q  G  M  N  M  S  E  S  U  N  I  S  S  V
Q  D  X  L  V  O  A  A  E  V  I  S  S  A  P  K
Y  L  L  U  K  S  F  E  R  R  G  B  V  W  D  I
X  E  R  J  H  Z  A  L  L  K  H  U  Y  L  M  R
G  N  W  X  H  K  N  A  V  C  T  A  F  T  M  O
E  N  O  I  T  A  L  A  H  X  E  E  B  C  H  O
C  N  O  I  T  A  L  A  H  N  I  T  E  C  U  I
N  R  D  A  M  R  A  K  T  A  H  S  M  H  D  B
P  Z  M  O  G  N  I  N  I  H  S  L  T  E  S  X
```

| | | |
|---|---|---|
| CLEAN | MEDITATIVE | SHINING |
| CONTRACTIONS | PASSIVE | SINUSES |
| ENERGIZING | PURIFICATION | SKULL |
| EXHALATION | SHATKARMA | VATAKRAMA |
| ILLUMINATION | SHEETKRAMA | VYUTKRAMA |
| INHALATION | | |

# 37. PRANAYAMA -SHEETALI

```
M S L T H F D T S Q E R Y T G J
X E Y P C A C E D N A B Y F A V
S S S V U W M A L D O M U L N Q
K M H O X W F L T L N I A T Z C
T P A D N D R W A E O N T Z O H
H H E W N U H G W C D R S O R B
E Y G L K I W Q O H L G L E M S
Q U D I M N M M A I E I L E H E
W J G O L M Y R P V N A O E A Y
Q W U N B F A S F G X V E I Q C
V T C F O B L I B I T T F U O T
H I R J A T G R N E A B O O X B
J R R N C H E G E L D H L M I J
Q B D D T A A T I M U I Z X S C
P H U L T G H W Z J N C A V P O
A G R H Z P Y F P G S B E N T P
```

| | | |
|---|---|---|
| BJALANDHARA BANDHA | FIGHT | BROLLED |
| BODY | FLIGHT | SHEETALI |
| CALM | MIND | TEETH |
| COOLING | MOUTH | TONGUE |
| COOLING BREATH | NOSE | TUBE |
| EMOTIONS | RELAXING | |

# 38. PRANAYAMA-SHEETAKARI

```
A Y E O G R X Q Z K S C Q F C H
K H I K M Q U N K P L D K F I Q
U T D U O S B A N N Y H K S L T
I K X N H D M V O E E Z S K E H
A X C E A A I S J C T I K E S G
N H E L D B E P H L N A T A E Q
I T I E L A A A U G A H L S D X
E P V W Q E R R B C P S H A U R
S A B Y M I V R A Q Q E J G P O
O B W F M S E O B H E N H H Q M
T U C U H A P Z L T D W V W N C
E G D E T M Q Q A F A N S F P U
U R E H J K V K J T O O A F J E
A T U C A J A X O Z U D D L Z Z
P L Y R P R V U W N D K O H A O
G P I A I I R M D W C Y L G I J
```

| | | |
|---|---|---|
| CUPID | KARI | SHEE |
| GOD OF LOVE | KHECHARI MUDRA | SHEET |
| HISSING BREATH | LIPS | SHEETAKARI |
| JALANDHARA BANDHA | NOSE | SOUND |
| KAMADEVA | PALATE | TEETH |

# 39. PRANAYAMA - BHRAMARI

```
Z Y W N Q M F T N B T Y O A T D
P S L T X I H O O L L K L B J A
E M U C P U I V B B K G P S R P
E L L K M T V H X G N S N M N K
F A G B A S R Y N I N M E L C P
C E S R W A G I M D M T K X C S
E D B T M H M L C I S E D Z L A
O I N A E M A I W Y N T H I U W
V W R A U C H W S E N X R D F P
C I T H M E Z S Y P F T P I H J
M V L I A H U E I M S E N Y X O
V O L D E O B N W O A G E O G G
R C Y E V R D I N C E S E Q O A
O H B R O E Z D E R O A A W M E
O U E W X T F B S L R N L O E M
V N S W Y I B Z C S L G A V F I
```

| | | |
|---|---|---|
| BEE | FINGERS | NOSTRILS |
| BHRAMARI | HEAD | OM |
| CALMING | HEAT | PEACE |
| CLOSE | HUMMING | THUMBS |
| EARS | INDEX | VIBRATION |
| EYEBROWS | NERVOUS SYSTEM | |

# 40. NADIS

```
W P E D I S T F E L Y Q Q Z O F
O U O N M U L O C L A N I P S Q
T C A R T Y R O T A R I P S E R
Z L I R T S O N Z I K K S P X U
X N E T C C E M N F M A D I J J
T Z J M F U I A C N G N N U P C
J N Z I G N R K O W E P R T G G
X J L E A T I I A R I I O O V C
Z B L M I N T N V N G N E X Z N
Q Y H H A A M E G H W E Y N A R
H R C N T U S A T O C X C D K O
P C J I H V L S R F U Q I P C N
B I D S Z A I C A B G S N K K U
V E U N Q D F Q Z S I G Y G P Z
M S V L E A Y H D N A S J U Z L
A X F L E N N A H C Y G R E N E
```

CHITRANI
CROWN
ENERGY CHANNEL
IDA
LEFT SIDE
MEDITATION

NADIS
NERVES
NOSTRIL
PINGALA
PRHMANI
RESPIRATORY TRACT

RIGHT SIDE
SANDHYA
SPINAL COLUMN
SUSHUMNA
VIJNANI

# 41. MUDRAS

```
B M V T C F D P O S T U R A L A
K E I A U H A S T A A T X M M J
G T P S O N F K D R D S U U H H
S S A H E D F A L S H S Z D K C
K Y R W X U E Z N D A U T D C V
M S I I S H T M N K R B W C E R
L C T N T U Q A X H A T E M G V
P I A I N Y H X F J A L L X E J
E T K K H E C H A R I E V N S B
R E A C H I N H V R T B E O T F
I G R W N Q Z G H O N O G I U U
N R A B A Y U H Y G I D U T R E
E E N D L Z O M O A G Y M I E W
A N I M L V J G K C N G A S N Y
L E F W M U D R A S G A N O Z Y
A X H G E V K A Y A E P A P T Q
```

| | | |
|---|---|---|
| ADHARA | HASTA | POSITION |
| ASHWINI | HEAD | POSTURAL |
| CHIN | KAYA | SUBTLE BODY |
| ENERGETIC SYSTEM | KHECHARI | TWELVE |
| GESTURE | MANA | VIPARITA KARANI |
| GYANA | MUDRAS | YOGA |
| HAND | PERINEAL | |

# 42. ASHWINI MUDRA

```
Z M Z Q N O I T A T I D E M Z B
O G N Q Z S Y E C G W T K A V U
S S G P E A N A S A U P O J V W
E P J L I R A Y M T R I B D C U
L V I K J R W S I O R T T A C E
C P X S X L A N A C L A N A F S
S A N E K A W A L S T J X O G N
U E S R O H R H E I K A B Z C A
M R S X K E K X A L E R Y R Q E
S M R E T C N I H P S L A N A L
U I X A R K A H C L A R C A S C
E M G A R H P A I D C I V L E P
T Q N O I T A P I T S N O C I O
U D F A R D U M I N I W H S A O
L N U Y A V A N A P A H Q L I L
G Y E S K S K Y O P U I K Z I T
```

ANAL CANAL
ANAL SPHINCTER
APANA VAYU
ASANA
ASHWINI MUDRA
AWAKEN

CLEANSE
CONSTIPATION
CONTRACT
GLUTEUS MUSCLES
HORSE

MEDITATION
PELVIC DIAPHRAGM
PILES
RELAX
SACRAL CHAKRA

# 43. BANDHAS

```
S D C S D C T Q T X C E F N V J B M
N F E U M S A J Y Z U A Z R P L R H
O W O S C T W F Z O N D L A G Q G Q
I I N U O U E P X T S P A O V L J D
T D O M D L J J D C R B H F O U H E
C O I N R K C A N A Y I D D U M B Z
A O T A M V M L N H R Y O Y A C I I
R L A N K S E A R X O K V D U O E L
T B L A C N A N H A I L M O S C Q I
N T U D O L H D T L H C D B S S B U
O C C I L W D H I Y Y A X C E S S Q
C I R T Y K N A G B T L M I N U I N
E R I B G K A R H F L F Q H E M K A
L T C F R D B A T D D S Z C R T W R
C S G N E M I B E M U F U Y A E S T
S E B K N M K B N M A L S S W L Z G
U R L F E Q Q V V U A S A P A N V G
M Z M D O O L B E S A E R C N I G P
```

| | | |
|---|---|---|
| AWARENESS | INCREASE BLOOD | PSYCHIC BODY |
| BANDHA | JALANDHARA | RESTRICT BLOOD |
| CIRCULATION | MAHA | SUSUMNA NADI |
| CLOSED | MOOLA | TIGHTEN |
| ENERGY LOCK | MUSCLE CONTRACTIONS | TRANQUILIZED |
| HOLD | PRANA | UDDIYANA |

# 44. JALANDHARA BANDHA

```
J A X J K V D E E F Z D R B C H
I O S D N A L G Z A N A R P Y O
T S C Y M M E K B G T Y M Q R L
M S H P K J U V F I X S D H L D
K W F Z F C S U H G G T E H C B
K X F K C I O X G T I R M H E R
J V T F D F D L O K H E J E C E
V E B A U N N V C J E A H N S A
R I N L G I K O E A A M E E L T
O K E C H K L D R L R T J Z Z H
F N C C K T H G H A T A P E R X
D H K G A A V E L N W H Q N B Z
A Y Y O R Q A O T Q S L Y M L F
C O R A Z D L B T C A R T N O C
S H C E T J H X Y P C N V U D H
T Z Y G P T R H Y M G Y Q V A T
```

| | | |
|---|---|---|
| CHEST | HEART | NECK |
| CHIN | HOLD BREATH | NET |
| CONTRACT | JALAN | PRANA |
| DHARA | LOCK | STREAM |
| GLANDS | NADIS | THROAT LOCK |
| HEAD | | |

# 45. MOOLA BANDHA

```
H E S A E L E R T Q L E O M F P N W Z Q
M Q N G P K M G Z E N I P S K I U S Q K
A P O V N O I T A U R T S N E M M B A L
H S I I M U E N I R E P P P S T C H V E
Q H T N U X V Y L L U P H R A X K V T O
S N A G R O L A T I N E G E M Q U A U Y
F E P Y M G A R H P A I D C I V L E P X
A U I T M W D N Q B I W G R Z N T I K J
H M T W S E L C S U M L A N I M O D B A
B O S H M M U J R B K I W A V D O H E E
U X N R F H F Y U U M B P U U Q T L D
T F O F J A H D N A B A L O O M Q A S G
K H C N K R E D K F E F P J G F W E H B
O S H H B G A O F P R K J Z V D F R Z G
X T V G Q L C W L O F G S E L I P B E Y
W X D U I Y K Y I A Z E C M Z W F D K L
E H Y N Z A R H T E R U N F H C F L L Q
S I I A R K A H C A R A H D A L O O M Y
K S O L V A F U A Y X T R E D D A H F E
T E L G N A I R T L A T I N E G O R U C
```

ABDOMINAL MUSCLES
CONSTIPATION
GENITAL ORGANS
HOLD BREATH
KUNDALINI
MENSTRUATION

MOOLA BANDHA
MOOLADHARA CHAKRA
PELVIC DIAPHRAGM
PERINEUM
PILES

PULL
RELEASE
SPINE
URETHRA
UROGENITAL TRIANGLE

# 46. UDDIYANA BANDHA

```
F X G N I N R O M C P B X K Z B Z R
I D A N A N M U H S U S M X F S N W
R Z O W W P T X Q G I U T U N O N T
I I B B T T S O J Y Q S C O I G D N
S A U X M U G C B Z E Y I S H I O Y
M A M J T C Q L I H R T S I A I G K
S E T E B A I D C S A E V P T R L D
Z K F Y F N M E E L R P H A A L K P
H A A H Q G I E A P C R P H U H S U
G R F Q V A N H E Q A I T X B R K E
C A A R H K N D S G T E W B S T Z S
V R W X I I V P M S L E S K A H B I
E S K S E F P C N F X O D X B I H A
I A A S Y K H O K A I X J H H A K R
L H L F Q R C C A W G O M H Y N W K
S A H D N A B A N A Y I D D U Z W A
F S O H E T A S S D R A W P U Y L F
X A H D N A B A R A H D N A L A J A
```

CHEST
CONSTIPATION
DEPRESSION
DIABETES
DIAPHRAGM

FLY UPWARDS
JALANDHARA BANDHA
KNEES
LETHARGY
MORNING

RAISE UP
SAHASRARA
SUSHUMNA NADI
UDDIYANA BANDHA

# 47. ACRO YOGA

```
H A T L D Y A K I J R A D T E C
B T H G W A S L O O D A D O A T
K W A A I D L C T N A X L S E W
Y S S E H R E V I T V I I C C Q
A T S S R U Z Q H T F M H F H D
E U Y M E B K L R T A N X M M R
R C Z R I N E K E E I B I O A E
O K N B R T D D E Q T N O C Y H
E X A E I A K E U C D T R R H E
V S M C S J C E D F N O O P C J
E C I R H E M N U N Y A A P E A
U S H I E O R L P O U R L P S B
M M I J D Y N P G E T O M A E V
Z R C E V E L A F N I W R R B M
O U R A S Y Y F E A A O K G K D
U N N S C F P R Z I L Z U S X D
```

| | | |
|---|---|---|
| ACROBATICS | CARRY | MODERN |
| ACROYOGA | FLYER | PARTNER |
| ATHLETICISM | GROUNDEDNESS | PRESENCE |
| BALANCE | LIFTED | SPOTTER |
| BASE | MINDFULNESS | TECHNIQUE |
| BREATH | | |

# 48. AERIAL YOGA

```
Z S A B A X O K K N E Y R C D Z
H X Y W Q H L Z O G N Z I S H G
C D F O I I Q I N R M T C N N M
X A P H S R S A E A U R O I Z W
K W R O I R R D Y E G I L A C I
Z C Y M E S O N P A S I G I T M
B E O V E M F A Z S E O T S P V
M T N M R N R G E C Y A B H T M
Y I R U M E C R N L B G S R Q W
G T X A H A P U A O N T O L K R
T A I T U M H I R I G P P P D L
I Z V V O L R C G T P S B R I B
E J E C A E A N H U I G L Q U N
L G E C A R A Q S T W S T I Q T
N D F R U H G O X C C Q Z N N Z
C Q Z O F T J G C L D G H V I G
```

| | | |
|---|---|---|
| ACROBATIC | GRAVITY | RANGE |
| AERIAL YOGA | HAMMOCK | SILK |
| ART | HANGING | SLING |
| CARMEN CURTIS | INVERSION | SUPPORT |
| CEILING | MODERN | THERAPEUTIC |
| DECOMPRESSION | | |

# 49. BIKRAM YOGA

```
H X B W C H K X V Y B W P R R S M
Q N C A Q A Z H T P I C Q K L I H
O M B Y X E L I O G S A G L O M M
G B N I K F D C T T G W I O J H G
U R E N K I O V U O J H E E S N Z
Y C G X M R W R Y T Y N N A Q H N
T O P U E T A M T L T E T X T X Y
Y R H O E R A M R Y D A H J I C A
E A K P S R C E C D D T L S O I P
X P R S K T V I O H G E Y I D C W
S A U I E E U B S N O T G N L E H
C L B X B Q A R E E N U I R G E I
Q Y Q O T F U R E E V Z D M E I H
C I K R A J T E W S U B L H I E F
Q O L J U S U T N Y D O Q N U A S
L F U O B T X U U C X D Z U T R K
K U V N J M X Y R C E N V U U S Y
```

| | | |
|---|---|---|
| B C GOSH | EXERCISE | POSTURES |
| BEVERLY HILLS | FORTY DEGREES | SEQUENCE |
| BIKRAM CHOUDHURY | HOT | STRENGTH |
| BIKRAM YOGA | HUMIDITY | SWEAT |
| CALCUTTA | INDIA | TWENTY SIX |
| CARPET | JAFA BODDEN | |

# 50. FORREST YOGA

```
D N E T A R E B I L E D H Z O K
T D T N D Z L S H T G N E R T S
F D A S A Y N I V F X N T C M N
O U E R V P K E X W Z K L E A C
B M X W O R B T I R I P S C J R
G T Q B Y T I R G E T N I I U B
Q Z S S F K R O W E R O C J S X
O I J E G P O O H W O B N I A R
D M H T R Y E V M H F Q Y X S C
I D I T C R O B A N I M A T S X
T M L V S I O D E C A P W O L S
O J N F K Y P F B X E P A Y H L
G V N W A S E S O P G N O L A V
M M O O R D E T A E H H J T F O
G R B P A M A Y A N A R P N G N
J D D H T A E R B S V C S M U M
```

APEX
BREATH
CORE WORK
DELIBERATE
FORREST

HEATED ROOM
INTEGRITY
LONG POSES
PRANAYAMA
RAINBOW HOOP

SLOW PACED
SPIRIT
STAMINA
STRENGTH
VINYASA

# 51. IYENGA YOGA

```
Z E P K R B L A N K E T S S T Q
V U Q K P S S E D P E B N T I I
J C J W Y P A C X R L G M R M X
D Y J P C P I N Y E D N I U I U
E E D Q D X J S X C E A Y C N I
T H B H X V E T C I R B E T G N
A U B Q I Q V A Q S L K N U S J
I D L Q T O H L T I Y S G R E U
L I O A A Q D I W O P I A A Q R
D M C A O B G G L N F Y R L U Y
Y E K P X E P N D B W E Y Z E O
B N S E W L U M Z Y A N O W N C
W U E J C T N E W E I G G R C H
X H F R U S E N V Q M A A R E K
K I A Y N O X T P S P R O P S S
W N E Q E L I G H T O N Y O G A
```

| | | |
|---|---|---|
| ALIGNMENT | ELDERLY | PUNE |
| BELTS | INJURY | SEQUENCE |
| B K S IYENGAR | IYENGAR YOGA | STRUCTURAL |
| BLANKET | LIGHT ON YOGA | TIMING |
| BLOCKS | PRECISION | YEHUDI MENUHIN |
| DETAIL | PROPS | |

# 52. KRIPALU YOGA

```
B D K R X Z U K G R C E Y M H T R W
S E F E N Q Q E B C R F U A V R O P
R K H Y I U N F V L S O I S E J Y K
P A M R I T D E S A I Q M S I N T K
H K T R L L N I P G U A O A Z O R R
Y P G E A M A Y A N A R P C X M A I
S T O X Z K S V C C E P T H C C N P
I I X S T V D J J B F Y T U D O S A
C M E D I T A T I O N V L S A M F L
A A F Z B L D O U O C B X E I P O U
L X Y K N Z A V J E K W M T L A R Y
H W F Q M H K H D Q I O S T Y S M Z
E J H R A N O I P S X G K S L S A Y
A N F T A D A P T A B L E X I I T X
L M H G S P I R I T U A L P F O I I
I A M C O Y X H E U X H O J E N O S
N O Q T E V P C G U B P U S Z E N K
G G D B Z J N G B E G I N N E R T T
```

| | | |
|---|---|---|
| ACCEPT | DAILY LIFE | MEDITATION |
| ADAPTABLE | GENTLE | PHYSICAL HEALING |
| AMRIT DESAI | HATHA | PRANAYAMA |
| BEGINNER | KRIPALU | SPIRITUAL |
| COMPASSION | MASSACHUSETTS | TRANSFORMATION |

# 53. POWER YOGA

```
V G N Y T I L I B I X E L F V V W X Z
A A I O Z R Q H X R W X J C R U N W I
R H I G H I M P A C T E I X S Z Q B H
A A J N M T M Y S Q C S I R B H X G P
L H T G N E R T S F U I C V J E M Z Y
U M R Z H B J H H M Z H D U D E Y F S
C H A T U R A N G A D A N D A S A N A
S O L W V A B R G R C U I Y M Q A E B
A N V Z H S G J O B Y K U H Q G C V B
V D E Q R P A N C I F D L K O I F G B
O I V J C C H I A A R F R Y M H J N M
I M B T Q O H T S T E R R T V E C Y P
D V A K R O W T K E H E A U X A B Y Y
R I N A N S P Y N D W S I W L R B N Q
A N C R U A T Y N O W P A O Z T K N C
C Y X Q C Q U C P E T P R K C R U C O
T A A E G F R Q N M T I P W C A Q G G
A S D M Z O C R O W E A Y Q C T H T B
D A I Y G Z X R F S E N Q J H E U Z P
```

| | | |
|---|---|---|
| AEROBIC | FAST PACED | POWER YOGA |
| ASHTANGA | FLEXIBILITY | STRENGTH |
| CALORIES | HEART RATE | VINYASA |
| CARDIOVASCULAR | HIGH IMPACT | WARRIOR |
| CHATURANGA DANDASANA | MUSIC | |

# 54. RESTORATIVE YOGA

```
I  S  B  N  S  S  E  N  L  L  I  T  S  B  M  O
B  U  U  M  E  T  S  Y  S  S  U  O  V  R  E  N
C  A  L  M  N  E  S  S  F  X  C  H  R  A  I  E
Q  P  E  U  Q  I  I  T  E  V  Y  E  B  D  Y  U
Q  G  H  O  S  F  G  E  F  N  L  J  X  D  W  H
N  O  U  R  I  S  H  B  O  A  I  G  O  G  J  Z
F  P  D  F  L  A  R  M  X  J  T  B  U  X  R  M
Y  A  D  Y  P  N  R  O  V  B  A  K  G  H  X  I
G  Z  M  X  L  A  C  M  Y  R  E  S  T  F  U  L
E  M  B  W  H  O  I  A  V  N  J  I  R  L  Y  H
Y  W  O  L  S  N  K  R  T  V  D  D  P  T  Z  E
C  J  C  T  D  I  Z  F  H  E  A  L  I  N  G  K
C  I  T  U  E  P  A  R  E  H  T  Z  V  Q  X  T
C  I  T  E  H  T  A  P  M  Y  S  A  R  A  P  Y
N  E  M  O  T  I  O  N  A  L  Z  O  Q  C  O  W
Z  A  I  P  E  V  I  T  A  R  O  T  S  E  R  U
```

| | | |
|---|---|---|
| BODY | MIND | RESTORATIVE |
| CALMNESS | NOURISH | SLOW |
| EMOTIONAL | PARASYMPATHETIC | STILLNESS |
| HARMONY | RELAX | THERAPEUTIC |
| HEALING | RESTFUL | |

# 55. SIVANANDA YOGA

```
H G E S U N S A L U T A T I O N S
B S V E G E T A R I A N N I I L V
G S E L F R E A L I S A T I O N I
G N I K N I H T E V I T I S O P S
R E G Z S P Z A D N A N A V I S H
K L O R F Z X I A H W T S P O F N
H A F B V B E X B T O S A B N U U
X U F O U T A U P J R X C J U N D
J T A Y D H I R D T L Z H U T I E
T I G D H Y A N A Z D L A D H T V
K R X V N N A F R M P D R I T Y A
U I J F A T H Y I R E E Y K L X N
F P C Y N S T O Y C A S A N A S A
A S A A T H U D A Y C O J W E J N
L M D C W O R E N V E V N Z H Y D
A E L A M B P P W C E V L E W T A
V G A S S U R Y A N A M A S K A R
```

| | | |
|---|---|---|
| ACHARYA | PRANAYAMA | TWELVE |
| DHYANA | SELF REALISATION | UNITY |
| DIET | SIVANANDA | VEDANTA |
| HEALTH | SPIRITUAL | VEGETARIAN |
| PEACE | SUN SALUTATIONS | VISHNUDEVANANDA |
| POSITIVE THINKING | SURYA NAMASKAR | WORLD PEACE |

# 56. SWARA YOGA

```
K S P N F Y P A R E H T A G O Y H
V G Z K A K J D L G P Q Q X D A W
N O U U M L H E G R Y A K C N M P
F O F W V O D V E S V N L S U H S
S N T D Y R F R H I X W E W O X V
N O B E Y T B U E H Y A X X S U F
O O A T V N M Y T A N M U H S U S
S M M I A O A A I B F O D S L T T
A C O F Q C K J H B T F D I O O O
E L D V J H Y X X L L V R D O E A
S W S V O T U W J X L T O F X S R
H O I N J A W S S C S G Q T M T A
L L W U X E G V Q O G V H I A G W
B F C S G R N T N G X W F N D A S
J R N D C B O A F T J O T N A U R
J I R N A L G N I P A R T R D P G
W A R Q E D J Z L E A K K Q I M C
```

| | | |
|---|---|---|
| AIR FLOW | NOSTRIL | SUSHUMNA |
| AYURVEDA | NOTE | SWARA |
| BREATH | PINGLA | TANTRA |
| CONTROL | SEASONS | WISDOM |
| IDA | SOUND | YOGA THERAPY |
| MOON | SUN | |

# 57. YIN YOGA

```
O U G N I   H C T E R T S   J D M M
R B F J T E I   U Q T I   P J P G D
L C E V I   T A L P M E T N O C Q
Y N E V I   S S A P I   B Q B A U J
Z E S T N E M A G I   L O Y S V G
R G L H T S T S H A N T C I   R Z
U U D L F H N X G E I   S D N Q J
E S F C I   O F O S L I   Q E G S S
D U S J D R Y A I   D D R F Z S N
A W S N O G B S H R D W Y U U
D V E S I   I   I   L T C S E L W J C
R T V Y I   X N J U L I   U N O L D
R O M A E T P T F A Y A C V H D
O D N L T W G V S U P L X L Z U
L B F N O I   T A L U C R I   C W I
B B H N O I   T A R U D H U M G J
```

| | | |
|---|---|---|
| BONES | FASCIA | PAUL GRILLEY |
| CIRCULATION | FLEXIBILITY | STRETCHING |
| CONTEMPLATIVE | HOLD | TENDONS |
| CUSHION | JOINTS | TISSUE |
| DISCS | LIGAMENTS | YIN YOGA |
| DURATION | PASSIVE | |

# 58. TYPES OF ASANAS

```
G E V I T A T I D E M A W J B D
S N D I D L B B T J R I W M B T
R U I S Y W P T T M N I K A V V
F N W D W V W O B B Q S C O X E
R S D O N I F A X S Y K I E U R
C M A Z S E L A T Z W N T H E Q
K T M T I A B A G A V N E L W N
U U I W N B D R E C X A O H E
L N E C I D L D R L R X B D A W
G X E U I P B T H A A I B E E R
I L P N K E E I J T W E J X A K
D K G T N D V H I D H R Y H U H
C N I D Y T F O M N Z Y O S W Y
S V I U Z B N H I D C Q S F M B
T N A F U F W X B J C B J Q Z W
G K P U G N I M R A W B M K O U
```

ARM BALANCE
FORWARD BENDING
INVERTED

MEDITATIVE
BACKWARD BENDING
RELAXATION

STANDING
TWISTING
WARMING UP

# 59. WARMING UP ASANA BENEFITS

```
Z C H X G L L S G I L T M Y H C Z
I D J Y W N K C O B I C E Y D S S
L E V O H O W V N Q M E T N B N E
O E O U S I J S D S G N S C M O Q
O P T H N T D F N U J E Y N R I U
S B C H E A F X I R A R S O O T E
E R F O H L E N M Y Y G Y I I A N
N E E X T U S B E A R I R T H T C
U A N O G C O X H N U S O A C U E
P T O K N R P R T A S I T T T L Q
Q H T M E I E A S M G N A U E A U
D I D A R C N K U A J G R L R S H
Y N V J T D C S C S Q A I A T N P
E G Q U S O H A O K O H P S S U T
X H M K H O E M F A K M S A E S O
P I Q M T L S A C R W Y E D E N G
H S V W H B T N H N L U R J D X S
```

BLOOD CIRCULATION
DEEP BREATHING
ENERGISING
FOCUS THE MIND
LOOSEN UP
NAMASKAR

OPEN CHEST
RESPIRATORY SYSTEM
SALUTATION
SEQUENCE
STRENGTHEN

STRETCH
SUN SALUTATIONS
SURYA
SURYA NAMASKAR
TONE

# 60. WARMING UP ASANAS 1

```
D Y N A M I C S P I N A L T W I S T
D O O W G N I P P O H C H N B H D A
L Y P O R H C N E L C D N A H J L V
L L X J L G N I K L A W W O R C A L
I F E O A K G U E D G M Z S G L N G
M R S I V G O W L H N J F H Y R K N
E E I N M O H B Y I H C M L J L S
H T A T B I W U O P D T A T F Y E J
T T R S F D G L W I N H T V R V R W
G U G W E N B R B J E A A G E N O F
N B E X Y E L D E I B N N R T C T G
I F L Q J B Q R N C E U D Y T X A D
N L E Y V E I G D R E S C L U B T C
R A L K S L I B I Q N G O J B V I V
U H B M G K W T N U K G W A L E O L
H F U F C N G T G M W H R X L R N G
C S O R G A L G K Y P T K H U G S Z
M R D G F B C F M H G W Z E F Z W E
```

| | | |
|---|---|---|
| ANKLE BENDING | CROW WALKING | HALF BUTTERFLY |
| ANKLE ROTATIONS | DOUBLE LEG RAISE | HAND CLENCH |
| CAT AND COW | DYNAMIC SPINAL TWIST | JOINTS |
| CHOPPING WOOD | ELBOW BENDING | KNEE BENDING |
| CHURNING THE MILL | FULL BUTTERFLY | |

# 61. WARMING UP ASANAS 2

```
R T A O B E H T G N I W O R O E W U
C U P O T E L B A T B D O Y S I R L
L O H W D M U K T A F M U Q P S I B
T O E B E N D I N G J L K I A N S K
V J N B T U X V P N J N A G W O T Y
L X M Q Y F Z A T K L F A M A I J V
J S L Q I F L Q P R N T R I N T O U
S L N S P M Y T K E V I T R M A I I
L E G R O T A T I O N O W I U T N U
E Q B J A L E G C R A D L E K O T Y
S A G X Z N K M I S Z R Z R T R R I
X I K Y B L A M W R Z G C R A K O K
X D D R C P Z R P G B U A R S C T N
Q T Z J X O L L P U R A X L A E A V
I H G N I D N E B T S I R W N N T Q
W T C L O W A X C I H C I E A B I U
Z E S I A R G E L E L G N I S G O Y
Z S H O U L D E R R O T A T I O N S
```

| | | |
|---|---|---|
| LEG CRADLE | PRANA | TABLE TOP |
| LEG ROTATION | ROWING THE BOAT | TOE BENDING |
| MUKTA | SHOULDER SOCKET | WRIST BENDING |
| NECK ROTATIONS | ROTATIONS | WRIST JOINT ROTATION |
| PAWANMUKTASANA | SINGLE LEG RAISE | |

# 62. MEDATATIVE ASANAS I

```
S L E S O P F F A T S R U G T P
B E T L O B R E D N U H T G O O
A W W E E L G N A T H G U A C B
D X B K B F X P N J W K B W I F
X K A N A S A J R A V O I H A H
B C J T X A Z E A C U P Q N Z X
P W Q G T F T K T N Q H Y I R P
O O E T B V R Q D E F Y K N G G
U J I H H A N A S A H K U M O G
O A N A S A M D A P   A D R A R
B S U T O L F L A H G C I S Q D
A N A S A N O K A H D D A B Q B
E C A F W O C Q N K N B L U Y C
Y F A N A S A D N A D M B V U F
D M V Y A N A S A T A V R A P P
A N I A T N U O M G N I T T I S
```

| ENGLISH | SANSKRIT |
|---|---|
| BOUND............................................. | BADDHA KONASANA |
| CAUGHT ANGLE............................. | BADDHA KONASANA |
| COW FACE....................................... | GOMUKHASANA |
| HALF LOTUS................................... | ARDA PADMASANA |
| SITTING MOUNTAIN.................... | PARVATASANA |
| STAFF POSE.................................... | DANDASANA |
| THUNDERBOLT............................. | VARJASANA |

# 63. MEDATATIVE ASANAS 2

```
N C K O R E H S D Y O P E S L X
P O A N S A H K U S Q Z O I P B
W L I V A C N G H R Z H O Q L Y
M H T N R Z C A B L C N C N W L
Y G C F U Q Z A S Q J K Q B U W
W D B D Q C X D N A F G P V Z Z
M O Q U J H I E R A M H A O U R
R Y V O B R S H X C S D F X J Z
M Q S T F S R G C F Q A A N B T
P G U A P F O D M Y I Y R P G H
R E X D E C W G Q G S V X I Q L
L S U T O L O I I O A P E U V V
M L Y H D E H S I L P M O C C A
X A N A S A H M I S Q T X Q N K
L A N A S A H D D I S O O T D D
U H L M A R D U M A G O Y U J D
```

| ENGLISH | SANSKRIT |
|---|---|
| ACCOMPLISHED | SIDDHASANA |
| EASY | SUKHASNA |
| HERO | VIRASANA |
| LION | SIMHASANA |
| LOTUS | PADMASANA |
| PSYCHIC UNION | YOGA MUDRA |

# 64. STANDING ASANAS I

```
Q  E  I  A  I  S  V  P  O  W  E  R  F  U  L  I  D  T
O  T  U  N  D  E  G  U  B  S  B  Y  P  I  R  M  A  P
T  E  Q  A  D  L  C  T  B  X  O  A  U  F  N  D  M  D
M  L  I  S  M  Y  V  R  N  V  D  C  Y  T  A  J  Z  R
E  A  N  A  S  A  D  U  R  A  G  W  E  S  U  E  O  P
E  B  S  S  X  B  U  R  H  X  N  E  A  O  K  A  G  O
O  P  M  K  A  F  N  A  U  I  F  N  C  B  R  V  A  N
S  T  J  R  S  S  Z  A  O  A  B  Y  H  W  Z  K  T
K  L  D  V  D  T  U  T  T  E  Y  K  B  R  A  V  L  C
R  V  P  Q  A  U  N  S  O  M  E  G  R  K  I  I  B  H
E  W  L  S  Z  U  D  I  S  O  E  R  T  P  T  K  R  Q
G  T  A  K  O  N  Y  V  X  I  E  H  T  B  X  K  L  D
H  N  M  M  A  D  B  A  D  C  L  W  Q  B  Z  C  J  C
A  W  X  H  X  F  V  F  E  I  G  T  W  S  O  K  S  A
U  T  T  A  N  A  S  A  N  A  A  C  Y  A  N  E  K  B
B  S  P  Q  I  U  P  R  L  W  E  M  U  L  K  D  R  O
D  N  E  B  D  R  A  W  R  O  F  E  S  N  E  T  N  I
G  A  N  A  S  A  T  A  K  T  U  Y  Z  T  H  I  L  S
```

| ENGLISH | SANSKRIT |
|---|---|
| MOUNTAIN | TADASANA |
| TREE | VRKSASANA |
| POWERFUL | UTKATASANA |
| CHAIR | UTKATASANA |
| EAGLE | GARUDASANA |
| INTENSE FORWARD BEND | UTTANASANA |
| HANDS TO FEET | PADAHASTASANA |

# 65. STANDING ASANAS 2

```
I  H  A  P  H  R  L  W  E  H  E  C  I  I  O  H  B  J
Q  X  P  N  M  F  L  S  Q  S  W  L  A  L  U  J  E  H
R  L  N  R  A  A  O  C  I  Z  R  N  G  O  F  L  H  C
H  O  F  A  E  S  S  Y  D  A  M  N  N  G  Y  H  W
A  R  F  W  T  Q  A  X  L  S  E  F  Q  N  A  M  X  B
P  N  Q  R  D  A  H  R  A  A  F  A  A  C  R  I  A  C
R  I  A  J  T  A  R  D  D  X  X  I  N  L  N  L  R  D
S  W  W  S  T  R  N  A  T  A  R  E  U  G  A  J  I  T
F  J  W  U  A  A  I  C  J  T  H  D  A  N  L  Q  Q  K
Y  O  N  A  D  N  K  K  E  A  S  B  C  S  K  E  W  W
P  N  H  A  R  I  O  Z  O  R  S  I  A  E  J  H  M  U
P  D  L  W  M  R  W  K  Y  N  N  A  R  R  Z  T  W  Y
R  U  R  T  N  Y  I  X  A  G  A  A  N  S  I  A  D  M
T  X  W  P  H  B  A  O  S  V  G  S  E  A  K  V  W  N
W  A  G  C  C  Q  M  T  R  A  S  T  A  R  Z  Y  X  W
N  U  B  H  J  O  I  M  Q  O  D  R  G  N  Z  W  P  W
R  T  O  M  B  C  E  V  T  G  N  V  A  V  A  J  G  Z
J  V  Y  Y  K  R  L  N  F  E  X  E  B  P  I  A  F  W
```

| ENGLISH | SANSKRIT |
|---|---|
| DANCER..................................................NATARAJASANA |
| BALANCING STICK....................................TULADANDASANA |
| SIDE ANGLE............................................PARSVAKONASANA |
| TRIANGLE................................................TRIKONASANA |
| WARRIOR ONE........................................ VIRABHADRASANA |

# 66. STANDING ASANAS 3

```
V B N N O O M F L A H X N X C O H X W S W N N F Z
U C W M W J W K A X J X M S K H H I H T N L B X Y
A N A S A N A A T T O V S R A P B O V W C E G Y P
A N A S A N O K A V S R A P A T T I R V I R A P R
R M G F V Y R Q N N A S Q V E L K P F G M M J B A
Z O U H C T E R T S E D I S E S N E T N I U B N S
Y T D Z U G D C M J P C Z X B E H G K J M N Y A A
M U T T H I T A P A N D A N G U S T H A S A N A R
E D N E B D R A W R O F T E E F E T A R A P E S I
C F G H A N A S A R D N A H C A H D R A E X P A T
O H P Q A X H H C W Q J M L Z U G O E K R B L U A
C N P E Y W F F S M C Z J U O Q G L M B E K C J P
C S Q F L A P M Y Y D H M N D K G T J L X Q Y W A
N C F G P H X P W B R T A L X N N S L E P F O A D
F H B N W A S A N O K I R T A T T I R V I R A P O
T S S M L L F E N A E K I R U P J B C V U S M F T
Q A S B S I M X Y E C K U D W R E O F H F T Z S T
G U G Q F Y C L H V K O O B S T K K S X R Q B A A
H Y L M X N P M N T F F Y T Y U C O C O U M X H N
R E V O L V I N G S I D E A N G L E N A P V L V A
V P H B J Q G M I E T A O W V I R I D A Y U P P S
U D W P C A X V Q M S T W F R W H N M M S Y J N A
F P C Z R E V O L V I N G T R I A N G L E A I H N
R M A G A M Y M B D M K I C O W D Y C Z L W N L A
E X T E N D E D H A N D T O B I G T O E I C R A L
```

| ENGLISH | SANSKRIT |
|---|---|
| EXTENDED HAND TO BIG TOE...............UTTHITA PANDANGUSTHASANA |
| FOUR ANGLE.............................................CHATURKONASANA |
| HALFMOON...............................................ARDHA CHANDRASANA |
| INTENSE SIDE STRETCH.........................PARSVOTTAANASANA PARIVRITTA |
| REVOLVING SIDE ANGLE........................PARSVAKONASANA |
| REVOLVING TRIANGLE.......................... PARIVRITTA TRIKONASA |

# 67. FORWARD BENDING ASANAS

```
Z O P E B X R G P M Y F F M Z A E H P D A U D K M X D K U B Z H S T V
Y F G E G Q N E K H U K W X I I W K R L Y S E K E R D U G L O M R R M
J N U T E X Q B Y Q N J A Q A U B Y Q H V U C T U C O M T X Y T H I S
K N U O C N N A J A C R B D B D Z E M X F V R G T Z R I E H A R T A C
H F M Z N W K D H L T A C T Y N J U S L V C W S G A P K E W C A K N X
Y V V Q Z R P O U Y K Y G R G T V V N H F Y A K N G Y X M Y K J T G P
E U C R S U A V T B D M U A J J Q J A O S E Z Y K I K A U D W N A M E
Q M L R D D S G K D W W Y T G P O W O K U B K E W R I I U G S E Q U L
P J W X Z F X V L U A C C M P E L F H H C G D G H P Z V U Y Z R R K F
M D W S Q S W I M Y P E P C U F T E I A L X N F M D P I A K C W L H D
K W A Z L G T H S P K Y H Q H N Q F U U B Q P Z G U R G R T D H W A X
J C N D M O R R X F H W Q L A Y X Y Y M J N F J M G M W Q F T U O E O
H N A A G D F J E D O X O U T Z N F S V T I S G U U Q O X V R P A K S
L M S I B G E M X T Q T O J V Q R N E O S H Z R U L L B H U N X M A J
J S A O N N E C H L C X I S Y D O E A X Y D Z Z E N R Y G H A L A P G
R P N L H I J V U H L H O H H J Q Y T U W I W X K V J X M A E W P A A
Q H O X C C W K Q R D M O V F I C R E R K L S X E A Z K Z N E N A D Q
L H K R Y A C N U E A O M F L W S Z D V J A M R P H E R M A U H S A S
A R A X Y F X J U F J L N T T R N Y A Q D Z S H A L B D A S M M C M X
I G T Q E D E V V U N D P O B H C M N Q J V T A Z C J N N A N M H A G
G Y S N W R L L A L L Z T H J Y E W G S K N N K N F X Y L N T F I S T
M V I Z S A C R N S O O W A H E D W L Q R N W C M A V D J A Y A M C Z
C H V J H W N T A R R Y P M G R P N E Q J H W K G J H O G V L O O H R
S Y A J M N A S S C O K E G I G P M A S F B F H F M V L V S N N T I T
Q V P T D W W Y A C Y T T O D L N O B V T G E A N E Q W C A M B T M D
J E U X M O O Y R M Y L A S R B J K E R A T Q Y T T R L O H G U A O Z
J D U T G D B T I P X A O G A E Y P C J O S D Q D Z Z D L K O H N T K
S T I G T Y D V S R Z L B Z Q U G Q M Q U U A E O C A D D U W J A T E
R H R U I X E S U Z H F V T L J D D Z I T I Q N V U N G D M R I S A D
P B T R A S T F N I X B Y M J O Z K D S W Z D O A Q V A M O X G A N C
T N K W R D B C A K R K X R L R K D M F O V A Y L D L N D H V Z N A G
V Z F D O O Q R J K X H S B L C M C Z L X Z S R G S P Y T D F P A S X
H L L P Y L H D W M U U Q N I X A B Z K E J B G D H Z K Z A P X M A V
D N E B D R A W R O F G E L E L G N I S D E B M I L E E R H T Z A N G
Q W D A U W P K F X B S K R Y R G E T Y J E L Q M X D G P I Z R N A B
```

| ENGLISH | SANSKRIT |
|---|---|
| DOWNWARD FACING DOG | ADHO MUKHA SVANASANA |
| BOAT | NAUKASANA |
| BOAT | NAVASANA |
| STRETCH OF THE WEST | PASCHIMOTTANASANA |
| HEAD TO KNEE | JANUSIRASANA |
| SEATED ANGLE | UPAVISTA KONASANA |
| THREE LIMBED SINGLE LEG FORWARD BEND | TRIANG MUKHA EKAPADA MASCHIMOTTANASANA |

# 68. BACKWARD BENDING ASANAS I

```
C C N U L I G F Y S Q D N C A W S
I B S E T H U B A D H A S A N A H
R K I P K H R T R A O O L F A I A
E U S T R A S A N A H K Z I S V L
V G B L N U B U K J Q U B W A I A
E W M Y C Q R O L B W A H T R P B
R P O O Z A C N Q M N K U L U R H
S Z L B S O F A D A Y X J C N I A
E N T A B I H A S K U Z A Z A T S
B Z N R Z L Q A L E T M N Y H N A
O A A A E A R E L O E V G A D A N
A U P E P K A C E L C E A J A U A
T M H V A Y Z G F I G K S Q V K C
U W P H Z O D A A G R A A F H A A
Y N C J R I S N S L J R N W D S U
P M U M R F O P T P N J A T R A G
A G P B O U L B Z J O I P H U N M
```

| ENGLISH | SANSKRIT |
|---|---|
| REVERSE BOAT | VIPRIT NAUKASAN |
| BRIDGE | SETHUBADHASANA |
| COBRA | BHUJANGASANA |
| LOCUST | SHALABHASANA |
| BOW | DHANURASANA |
| CAMEL | USTRASANA |
| WHEEL | CHAKRASANA |
| UPWARD FACING BOW | URDHVA DHANURASANA |

# 69. BACKWARD BENDING ASANAS 2

```
T I D O M R Z M E K I S B E H G V O I D A I P A
S A W A S M E D Y K D O L E H O R J Q D L T V A
A N I K N E A C Y U Q W R K G R I J N A L Z H N
E A P N A A E T L F P B W Y T F F A A R O E J A
E S A V M S S W S I K V K V M O E U F X D W R S
H A D C D C H A O Y N G I H Z A K W Q S R D Z A
T N A S N S D W K O A I R Q I S A X B T V B D R
F A V J O L C C G E R S N F K O K U Z Y V V M I
O V I R G F Q E N F H E A G L L Y V G L G G F V
H S P I S H E G B W L B H N B H I P M X Q A K A
C A A W E L K N P L Z V J G A O A Q E L N Z Y T
T H R H D P R F O R G P J U N I U V Y A T N V P
E K I O Y B A V T P W T L V F I K N S S A H J U
R U T H I I Z E I M E U D V D D N A D X P M V S
T M A I N V E R T E D S T A F F N I P A M Y Y M
S A D K Z U M C W A F Q U A M A Q K L F N W J Q
O V A V A Q T T P O F T P C T N J K V C Y G I E
S H N G P D P M B C R H E T H Z F V J D E L L U
F D D A F W N R H P O G O R B V M W R R K R Y E
R R A I L D S R Y H A V M Q W S A H J E C E V S
Y U S W Z Y U L Q L R S K H O L K L A Q N I Y G
Q H A V Z R O Q T U P W A R D F A C I N G D O G
L I N T M V S A P V L E Y G H V I B I I G P W J
N P A A N A S A N O K A H D D A B A T P U S V X
```

| ENGLISH | SANSKRIT |
|---|---|
| FISH............................................................. | MATSYASANA |
| RECLINING BOUND ANGLE......................... | SUPTA BADDHA KONASANA |
| RECLINING HERO....................................... | SUPTA VIRASANA |
| UPWARD FACING DOG............................... | URDHVA MUKHA SVANASANA |
| INVERTED STAFF........................................ | DWIPADA VIPARITA DANDASANA |
| FROG.......................................................... | BHEKASANA |
| STRETCH OF THE EAST............................... | PURVOTTANASANA |

# 70. TWISTING ASANAS

```
A U G B E L A X H Z Q S N R U W S T Y P Y K
N X U P M A N Y I R B C D V V T T R T A T X
A H Y A Q G A S S S W E H V G V N F S R L Q
S A P R R D S S D M T I G D W U W F I S O P
A L A I E V A E V T W U Y C S A G E W A B A
N F N V V Y R A U S C S G R E X H T T U R R
A L A R O C D T B I W N W M F S P G L P E I
T O S I L X N E O W S N J Y W N C B A A D V
R R A T V J E D L T A H S O L R O X N V N R
A D Y T E W Y S L G I W A M O A V A I I U I
V O H A D Y S I I N J J P O D E S S P S H T
I F C V E E T D J I B P K I H A V Q S T T T
R T I A A W A E V N Y E I B J U D Z D H D A
A H R J S K M A A I D Y H A V E X B E A E S
P E A R Y O A N K L G N V O A N E R T K V U
A F M A P T H G R C H D V P O E K Y A O L K
R I O S O P D L A E A Q R A B E Y A E N O H
A S U A S J R E S R Y L H I A U D V S A V A
H H V N E C A U A H I M E F B F E P U S E S
T E A A Z T G H N N F A M B O N F E F A R A
A S G L Y V B U A K I O W U H I F V W N C N
J S W E O Y L O C M P D J T N G B D H A Y A
```

| ENGLISH | SANSKRIT |
|---|---|
| CROOKED..................................................... | VAKRASANA |
| HALF LORD OF THE FISHES......................... | ARDHA MATSYENDRASANA |
| SAGE.............................................................. | BHARADVAJASANA |
| REVOLVED THUNDERBOLT......................... | PARIVRITTA VAJRASANA |
| REVOLVED EASY POSE................................ | PARIVRITTA SUKHASANA |
| SEATED SPINAL TWIST................................ | MARICHYASANA |
| RECLINING TWIST....................................... | JATHARAPARIVARTANASANA |
| SEATED SIDE ANGLE................................... | PARSA UPAVISTHA KONASANA |

# 71. INVERTED ASANAS

```
F D N A T S R E D L U O H S F L A H
C I A N A S A D I P A N R A K J O O
D R H I Y N T E E N K O T R A E R D
W X U M Z I K N M V F E Y L K I D S
U A N A S A K N A H A S A H S V I V
W D M I I I A N A S A L A H V R L G
E R V W G U G N V H W O V P S V O J
K F F X Z U T X A V G T K H M E Q N
Y G H D J H R R D S M W A Y G A H H
Y Y Y D P N G J Y Y A A A A B V J C
F B W J N K A C N O S G U N Y U R V
Z L L N G N Y L Z N X F N K H R Q I
D U S E E Y T O A Y V P A A T T L D
G D N A T S D A E H F B P J V V V S
D L J P F P V T I B B A R W Y R L J
D C D N A T S R E D L U O H S M A Q
B S I N A R A K A T I R A P I V X S
P H G U O L P K X X R F M C E B Q B
```

| ENGLISH | SANSKRIT |
|---|---|
| SHOULDER STAND | SARVANGASANA |
| HALF SHOULDER STAND | VIPARITA KARANI |
| PLOUGH | HALASANA |
| EAR TO KNEE | KARNAPIDASANA |
| HEADSTAND | SIRSHAASNA |
| RABBIT | SHASAHANKASANA |

# 72. ARM BALANCE ASANAS 1

```
G N I C N A L A B E O T G I B K K O O J
Z E N A R C S Y A W E D I S U P A L X K
H C Y Q M V V C E Z U Y Z X W X N V X D
R J U C V E C N A L A B M R A E N O I T
N Q O O C I N B U C W A W X W L L Q Q O
A N A S A H T S U G N A D A P M C X B E
N U T Y H V U L D B I M Q K S P M W B V
R V B F U X O J M F U H K T M J O O U C
N G B X U L B M I L R U O F P K U A Y A
B P B B A K I L P Y B X J P I U X S E B
D B S S T N O P Y H P J C J O F T R J R
B A A D Z V B Q A N A S A K A B X L O Z
S N S E Q Y U Z A N A S A H T S I S A V
A I V N N N V K E Z O Y N U K P C N A D
A A B X S A X Q D J H W R M K T G K W W
E G P Z A G R C C C B Z X F S M Y U X L
D P X R B W C C X M C B D F G Q W X K B
B A N A S A K A B A V S R A P Q P V N C
K A N A S A D N A D A G N A R U T A H C
K R Y A M Z G N I G N I W S I Y S G G P
```

| ENGLISH | SANSKRIT |
|---|---|
| ONE ARM BALANCE | VASISTHASANA |
| FOUR LIMB | CHATURANGA DANDASANA |
| CRANE | BAKASANA |
| SIDE WAYS CRANE | PARSVA BAKASANA |
| SWINGING | LOLASANA |
| BIG TOE BALANCING | PADANGUSTHASANA |

# 73. ARM BALANCE ASANAS 2

```
Z X D O O P B E H V F X S M Y J O Y Y J Y X A U
C Q V F B V E D B E R V S T X K A N K W A N M F
S B C O T X N S P D F R U B C B Y T K A A I F R
E N C A S A A Y R N K N N Y L O K O S S Q I X M
A X M E L X S V J O B U A W R H O E A Z B V T A
Y B T R T S E V Q N H R K E A T S N K T Q B N X
C Z A E E P M Q N R H E L A F O O Q U O Z A L H
U G A C N C H R R U G A E R G K N X D B S Z W O
J P D F M D O M N L C V E J A Y D L H A I H X A
X X X V V G E N A S Q C C T C M R A H Y Z P W E
P N N Q U F V D G L L H S A U G N T O V E Z Y R
M T H Y Z N V N S I K I J I R A S M Z E V L E R
K M H C R Z I K N E V Y M G S U A K N G I S Z H
D C W Q N H A I U A A J W A G L M T H V W Y U K
E U N R G O N U P U X T L N A A N H A L X C A Z
A W S I J G H U B W L U A S M S U T N R Q Q H P
D C E N T F A I T J G D A N I Z A Q A T I M T L
T W H O Z T G L C N A N C X G Y B E V Z G G J W
A W E T I A M U A P A R D I A L A I L W S E G B
B X I H Q A E L A A A P E N D X E J B T G D S M
S T T Y Z P O T W X K U S R B I A P Y F I B F Z
S T S A W T P Q O G Z A Z O F S A S N H C Y S T
U C T G I U O V C H N L W K E Y T U Z T B I B Q
Y K G M S J I I C A R C K I L X Y M R I U M Y N
```

| ENGLISH | SANSKRIT |
|---|---|
| EXTENDED SEAT ANGLE....................... | UTTHITA UPAVISTA KONASANA |
| GARLAND................................................ | MALASANA |
| HORSE.................................................... | VATAYANSANA |
| RECLINING TOE.................................... | SUPTA PADANGUSTHASANA |
| WEIGHING SCALE................................. | TOLANGULASANA |

# 74. BEGINNER ASANAS

```
W P U Y E Q V N I A T N U O M U B F P J S X
P V X J P A S C H I M O T T A N A S A N A N
Z Z P J U P S U G M I Z F V B A D L I B C B
D S P C R S B P U M Z X N Z N L Q T Z R D U
M E Q O D G G W E G X D N A I V W J N Y J S
W A M R H U G A U U V Y S H F D J R F H T E
V T P P V Z O R N R H A C Y R U W W X R R T
O E N S A Y D D P Q V K P P U G F X J Z I U
A D O E M L G F D A V R K S A S A N A W K B
N F M B U Q N A S I Y W I R G A R B Q X O A
S O X C K G I C K G N T H Q R A I T Q I N N
A R H J H F C I R Z J A N A S A D A T W A D
L W A N A S A N A V S A H K U M O H D A S H
A A A G S E F G P C W A R R I O R O N E A A
B R G Y V L D D D P E X T P I A H S D F N S
P D D E A G R O L Z E H E P C S J Y Q M A A
J F R N N A G B B R A V G E G V D A T H N
S O L P A A W B O F T A C V D F K B Z Z Z A
O L O F S I N Y L K Y U Z F S I H A I I A K
F D Z X A R W R C I J K L H V I R Q Z B W E
S G Y C N T O I A N A S A R D A H B A R I V
X U Q Q A V D W X Z T N E A W Z C I L G V O
```

| ENGLISH | SANSKRIT |
| --- | --- |
| BRIDGE................................................. | SETUBANDHASANA |
| CHILD.................................................. | BALASNA |
| DOWNWARD FACING DOG....................... | ADHO MUKHA SVANASANA |
| MOUNTAIN............................................ | TADASANA |
| CORPSE................................................ | SAVASANA |
| SEATED FORWARD FOLD......................... | PASCHIMOTTANASANA |
| TREE.................................................... | VRKSASANA |
| TRIANGLE............................................. | TRIKONASANA |
| UPWARD FACING DOG............................. | URDHVA MUKHA SVANASANA |
| WARRIOR ONE....................................... | VIRABHADRASANA |

# 75. ADVANCED ASANAS

```
Q V K F W O B R O O L F D E T S I W T B X A
A V A C A J T K J W U O D D U D H M N S N L
N A N T A I O U A S K W R J R A Q B I A Y N
A B A O N B D S L N D C B N M D N S S W E
S D S U A A W V P N A J W U E N V A L T O L
A N A J S D A O H L Z S M X A S V Z F E R G
T A R M A V H F L H I A A T B A Y J H B C N
O T U I R M R O H L N T S K L C G Z A P D A
P S Y W U V W H M A O D P A I T W K N M E T
A D A U N S N W S U N H G O M H A F U C G H
K N M W A H A A X A K A M O S S C S T O G G
A A A Z H P N W H I D H U R A E L S G U E I
J H H I D A J E N A R C A N A B W C R X L E
A N C K Q I T N P J L N A V V E C S O V E K
R O N U F B B A D C I I E A R E R R I L N S
A I I N C E K X Z Y X K P V F K J O C L O U
D P P T Q E F B M O G I X U U P S G F P D B
A R E X S Z S Y U O L X U M F Y S A F W K G
P O A N A S A R K A V A T S A N L H S Z E H
A C U G A N A S A K A B A D A P A K E A D F
K S J R V L U A N O E G I P G N I Y L F N L
E K N O E G I P G N I K D E G G E L E N O A
```

| ENGLISH | SANSKRIT |
|---|---|
| CRANE......................................................BAKASANA |
| EIGHT ANGLE.......................................ASTAVAKRASANA |
| FLYING PIGEON..................................EKA PADA GALAVASANA |
| FOREARM HOLLOW BACK.........................PINCHA MAYURASANA |
| HANDSTAND.......................................ADHO MUKHA VRKSASANA |
| ONE LEGGED CROW.................................EKA PADA BAKASANA |
| ONE LEGGED KING PIGEON........................EKA PADA RAJAKAPOTASANA |
| SCORPION HANDSTAND............................VRSCHIKASANA |
| SPLIT POSE..........................................HANUMANASANA |
| TWISTED FLOOR BOW............................DHANURASANA |

# 76. ROOT CHAKRA

```
E C R U O S P X S S J X F W R M Z D
Q S T C N I T S N I L A V I V R U S
S M Z W B P H T R A E N I P S T T B
H Y T I R U C E S S Z Q M A F L V A
U L F E C N E S E R P C I M A N Y D
Y T I T N E D I L A C I S Y H P X Z
N O I T C E N N O C M D N H W R O Q
B K N O I T A D N U O F V T W G P U
P G F Y I N P A R A H D A L O O M Z
S S L F T Q T G Q G Z J E A N P A J
Y B X C N I Q O Q P N V Q E T P Q F
T O C R H A R U O K C I R H A H Z C
B Q J R P L R E E R I G D A Z I D X
V L B Q L F V C P V I A P N N Z F B
F Q O N E H C A F S N P F V U R H R
R M H F Z Q O X G O O N I P V O D F
C F V I T P T O J A L R X Q P G R E
A N O I T A V R E S E R P F L E S G
```

CONNECTION

DYNAMIC PRESENCE

EARTH

FOUNDATION

GROUNDING

HEALTH

MOOLADHARA

PHYSICAL IDENTITY

PROSPERITY

ROOT

SECURITY

SELF PRESERVATION

SOURCE

SPINE

SURVIVAL INSTINCTS

# 77. SACRAL CHAKRA

```
N O I T A C I F I T A R G F L E S X
K C A B R E W O L R K I X C Y Z I E
D O B M D I U P N L P E Z L C Q M S
O M K B V V Q S I O G V A V S O E Y
V Q T H M I C A E N S R N N T X E S
M Y K U H I E H A W C A A I U V E B
W W M B C R E H A A S G O A A N K F
M Q H J I Z C D S Y R N L B S U D C
R Z P S K T H Z F O A F D A O X L V
L Z E G P I U F L L U O T A W Z U E
G D F E S K L A I L M I D K P Y C A
N E C T O U U D F E O L V M F A E I
V C A M I X E I N N L W G N R F S W
A N Z D E N L G G V H M Z G E O X S
A N I S T M P A G N I L E E F L Z S
J T I I E Y T I L A U X E S A A Z U
Y B T N M E K N X Z S E K N Q S U R
X Y T C L R X H M V F L R E T A W A
```

ABDOMEN

ACCEPT CHANGE

DESIRE

EMOTIONAL IDENTITY

FEELING

FLUIDITY GRACE

LOWER BACK

SACRAL

SELF GRATIFICATION

SENSATION

SEXUAL FULFILMENT

SEXUAL ORGANS

SEXUALITY

SWADHISTANA

WATER

# 78. SOLAR PLEXUS CHAKRA

```
L G A R U P I N A M M S A O K M H P
U Y N O N O I T I N I F E D F L E S
F A G O C T N F J P N R H H N T Y D
W E D W T S E H O J P T Q Z Z Z E J
Q I F Z U M V W Y V M W B P I E A B
Y O F N L M E M Y E Y E V M R Q D T
B T F V L R O V T T R T M G U O F Z
W L L I W N I A B I E H I A X C Z C
H K E G O L B A F O E I N T D N T M
P E F T H O A K B P V U X U N B B G
D D U M L X J R B L Q P Z N J E L G
H A H I K S G K T W B T X S A X D M
M Q S S E N E V I T C E F F E J E I
K M T K B Y G R E N E A G D B J L D
O S U X E L P R A L O S Q H E Q Y U
Y T I E N A T N O P S H O W K C V Q
N H S I F L E S H B S A E R T O Z Z
F V Z R W G G E O E Z L P I L M G T
```

| | | |
|---|---|---|
| ANXIETY | GREED | SELF DEFINITION |
| AUTONOMY | IDENTITY | SELFISH |
| EFFECTIVENESS | JEWEL | SOLAR PLEXUS |
| EGO | MANIPURA | SPONTANEITY |
| ENERGY | METABOLISM | SUN |
| FIRE | POWER | WILL |

# 79. HEART CHAKRA

```
O W W W K D H E S E L D D I M K Y F
Z A K O H I G H I E Z Z H W T W P Q
K C U R T S N U I R T V K A T E M D
I Q F X S Y C T B D T I N D A V C P
G N E K V E M L E D H A S C Z D Z T
V P J V Z F S V S G H T E O J J O J
G Y V N O T Y U B A R C D L P P O A
S F J F T L S E T H L A U T X P C G
X M E A G U G A M H T G T F E R O S
L Y K R S C M K T R A E H E D Q W E
Y M S S E N D E R E T N E C B T V V
O E P Y F I T N E D I L A I C O S Z
K I R I A S S E N H S I F L E S T U
L I A M K C A L B L A N O I T O M E
F X P Z N E T A E B N U N N N O Z W
E C N A T P E C C A   F L E S J G J
D K C B K K P H A H C U O T G Z K J
Q N D M N B X Y N O I S S A P M O C
```

AIR
ANAHATA
CENTEREDNESS
COMPASSION
EMOTIONAL BLACKMAIL
HEART

INTEGRATE
LOVE
MIDDLE
OPPOSITES
PEACE
SELF ACCEPTANCE

SELFISHNESS
SOCIAL IDENTIFY
TOUCH
UNBEATEN
UNSTRUCK

# 80. THROAT CHAKRA

```
G F F U F L O R T N O C L A C O V B
Z T Y V D N U O S U W P A O S K E H
Q X T N O I S S E R P X E F L E S C
O P N Z Q G T L Q S R B N F X Q B E
R Y T I T N E D I E V I T A E R C G
K I D D U H S I V I I E C O G T B N
H A V I H S A R T K A V A H C N A P
D N C R F N O I T A C I N U M M O C
R C J M E J D D Y N O I T A R B I V
L A I R O T A T C I D Z A M N N G L
F N O I T A C I F I R U P N R G G I
X B A Z J T A O R H T D L N O G K O
S Y Z R E H T E V H F B B E N E G C
N T G O H V X Z K L T Y J I F H M F
Z A S K L Q Y U O G Q F R A L Q B B
C U N G S V V P Q O A A I D U P U N
T W E G A U G N A L E B E F M W R X
V M Z A E X O U J H W G K T F M E E
```

COMMUNICATION
CREATIVE IDENTIFY
ETHER
HEARING
LANGUAGE

SELF EXPRESSION
SOUND
THROAT
VIBRATION
VISHUDDI

FIFTH
PANCHAVAKTRA SHIVA
PURIFICATION
DICTATORIAL
VOCAL CONTROL

# 81. THIRD EYE CHAKRA

```
V P V C X S I H D D I S E P D T E A
S Y J L B W I N S P I R A T I O N R
E D M J R D S S E E C L E A R L Y C
I B N G E Q B B I F A H G X M H X H
T I Y M Y X Q H J V C N P L C N N E
I T F I C T C O Y H E C O I I V O T
L O E R D O P O F E V K E G M F I Y
I U L F W I N A C T I O N H A O T P
B I G P I C T U R E T M F T G R C A
A H C X U S F I J Q I W K K I C E L
C B D S S N X A W J U O I A N D L I
I I I W S Q T N B B T N P W A X F D
H P F U W I X U T R N K U S T V E E
C H T X I S S K C O I D A E I Q R N
Y E Y E D R I H T W A R N E O L F T
S J I Y C U L K I Q T X J I N X L I
P I N E G C M S M I N D A N A R E T
Z O O F I Q Y U O Z S V P G F O S Y
```

ACTION
AJNA
ARCHETYPAL IDENTITY
BIG PICTURE
BROW
IMAGINATION

INSPIRATION
INTUITIVE
KNOW
LIGHT
MIND
PSYCHIC ABILITIES

SEE CLEARLY
SEEING
SELF REFLECTION
SIDDHIS
SIXTH
THIRD EYE

# 82. CROWN CHAKRA

```
P V E H E O Y S E V E N A B B D Z R V G
J S B V V P U R E A W A R E N E S S B V
G S T E P F B S G Y V Y X Y I B T R V U
E O J B W D Z D X W Q J P S S I L B U P
S E L F K N O W L E D G E L N A Y T Z J
Y T I T N E D I L A S R E V I N U V E D
G N I D N A T S R E D N U S Y H B Q H E
A G Q S E C N E I R E P X E J S I L G Y
V K I L J D J C O N S C I O U S N E S S
W N T D L R O W R E T A E R G S B V V S
F Y D F R B G O M J I E X T H O U G H T
C V T H O U S A N D P E T A L S R M N A
N G N I W O N K L L A L V R J C U Y E D
N M Y K U I Z E U E G O W O R V W C A Z
L U S B F O S U I H J G U O K S X D A A
K Y J X Y A N D G Y E Y W P Z P I V M K
K M G J P M S U O N K N V W Z L U W R C
P N W R O Y Q Q J M R E G D E L W O N K
N O I T C E N N O C L A U T I R I P S J
R L O S A H A S R A R A G N T O T A I W
```

| | | |
|---|---|---|
| ALL KNOWING | KNOWLEDGE | THOUGHT |
| BLISS | PURE AWARENESS | THOUSAND PETALS |
| CONSCIOUSNESS | SAHASRARA | UNDERSTANDING |
| CROWN | SELF KNOWLEDGE | UNIVERSAL IDENTITY |
| EXPERIENCE | SEVEN | WISDOM |
| GREATER WORLD | SPIRITUAL CONNECTION | |

# 83. YOGI DIET

```
N Q R P O T A T O E S O U Q C T O S
N C E R E A L S I E V R S E E D S E
A Q Z Z A D K H S E R F L N H C K L
I U T F A T X Z E C T M J Z U K L B
R T U O C Z J I L R R P I U J T E A
A J K L M H L F W V I P Q L J W S T
T P S E M U G E L E B C B H K Q P E
E O H I V J I T C J B Q E G K S P G
G T Q H C N E P X F Y S D U D J Q E
E W H O L E M E A L B R E A D H D V
V T Q C B Q C Y Y S T R U H G O Y D
M U Z J F Y E Z E K K T E C K Y J D
W Q F Z Y R A L N I C Q B N R A F E
V A C D G O U U O Y U T Y W D B J R
S Y T L T T F I H B U T T E R L I R
H I C M T K O A T G J W F W I W G E
F B P E S E A S O N A L B H J U T H
U K C V Q V P H L W I Z O H C U Z V
```

| | | |
|---|---|---|
| BUTTER | MILK | SEEDS |
| CEREALS | NUTS | VEGETABLES |
| FRESH | POTATOES | VEGETARIAN |
| FRUIT | RICE | WHOLEMEAL BREAD |
| HONEY | SEASONAL | YOGHURT |
| LEGUMES | | |

# 84. YOGI DIET - SATTVIC

F T O L F M M N X K E V E H A B E L
B Y Z V S Y L I L D N R N E Q C M O
M Y G I S N G T K H E P H A Y A O E
P T S G E K C U W E R C O L R L S U
A S F O N W C M E U G Q X T X M E O
X A A R S G J E B U Y S M H D D L U
K T F B U F Q G N K C W R G V H O J
H R Y D O V R A G A U J W K I S H L
S C I V I F Q W L M W K Y D T J W A
E K M M C B I A C U E J V O A R M I
R C N J S K S Y J F R O K B L G R T
F B J W N W U O N F U R H Q I U O N
T A W I O X T J N G P N E U T X D A
L S P X C V Z K F J H Q F X Y P H T
J Z E M T U R R M X C I V T T A S S
T H G I L Q R O A D W P Z T I V P B
T N O U R I S H M J U I C Y Q J J U
K T F D A D F X N A H E I U A C A S

CALM      JUICY      SUBSTANTIAL
CONSCIOUSNESS      LIGHT      TASTY
ENERGY      NOURISH      VIGOR
FRESH      PURE      VITALITY
HEALTH      SATTVIC      WHOLESOME
JOY

# 85. YOGI DIET - RAJATSIC

```
S T N A L U M I T S U U W D K J Z E
P E L B A L L O R T N O C N U M M T
L M Y I H U Q U R I W O Q I X J Z K
Z C N N D Z R X U F P R C L U K C B
Q H W H I T M U Y J C Z L M Y O C H
M B L P F A L F O T N J G H F H N B
O B E Z S F P A E S O L S F O M A A
B C M L P A N A S S N A E C Y M S O
F M G R E T T I B O L E O X R K R Z
I F Y W E D H G X I N L U M A E K N
S T X J S P Z C N C A C I Q S T F D
D E I R F Y P E Z T I O V T Q G I B
S W O O K U W F E L P T L L R S R G
N V Z Y N O U Z I R K E S I E I D W
O O J G R C H Y Z Z S W E A Z R R D
F N E M N D D K R S K F S B J C Y G
J N E O M Y Q J T S A E W M D A E R
T M R K O D I K P M V E G Y M L R M
```

| | | |
|---|---|---|
| BITTER | GRIEF | SALT |
| CHOCOLATE | PAIN | SOUR |
| COFFEE | PUNGENT | STIMULANTS |
| DISEASE | RAJASTIC | TEA |
| DRY | RESTLESS | UNCONTROLLABLE |
| FRIED | SALINE | |

# 86. YOGI DIET - TAMASIC

```
I  Z  I  H  I  R  R  E  A  T  L  O  T  R  L  B  G  E
M  Y  E  V  F  V  H  E  D  L  E  I  G  D  S  D  T  P
T  N  R  P  K  P  L  E  R  L  G  A  E  Y  C  V  E  Q
H  L  T  D  W  I  J  W  E  N  O  C  Y  A  P  S  S  H
Z  C  E  B  Q  D  W  N  O  L  O  L  W  U  S  A  R  B
D  H  W  U  T  U  X  R  P  M  E  O  T  I  B  A  P  O
V  L  O  O  N  B  A  U  P  K  O  R  M  E  L  S  A  F
Q  R  H  R  L  N  U  O  C  N  I  I  D  O  K  R  G  J
T  G  I  U  C  R  S  O  N  D  S  T  H  S  C  N  D  B
A  P  H  E  J  E  W  A  D  M  A  O  E  I  I  E  G  Z
E  N  P  F  D  S  E  I  S  S  C  A  S  Y  S  X  E  S
H  Q  V  N  A  L  K  U  T  L  R  A  A  S  B  P  A  E
K  Q  V  H  C  A  T  E  A  O  M  C  E  V  I  S  E  J
H  V  W  N  W  Z  L  Q  T  A  E  C  S  R  T  R  V  X
V  U  U  R  Q  E  M  T  Y  D  O  T  R  B  U  Z  E  W
F  A  P  M  S  H  E  V  Z  R  A  E  W  P  I  R  I  E
Z  M  A  S  R  N  Q  W  P  L  V  L  M  T  W  W  H  P
W  F  G  M  T  E  U  I  E  O  W  I  X  Q  R  T  U  N
```

ALCOHOL
DECAYING
DECOMPOSED
DOUBT
DRY
IGNORANCE
IMPURE

PUTRID
LIQUOR
OLD
OVERRIPE
PESSIMISM
PROCESSED

ROTTEN
STALE
TASTELESS
UNCLEAN
UNRIPE
YAMASIC

# 87. YOGA FESTIVALS AFRICA, EUROPE, ASIA

```
I  K  N  I  S  L  E  H  L  A  V  I  T  S  E  F  A  G  O  O  J
N  E  G  A  H  N  E  P  O  C  E  V  O  M  X  G  Y  Q  Y  J  W
A  Q  K  E  V  O  L  F  O  E  C  A  P  S  Z  O  L  S  O  A  T
S  G  X  V  Q  B  S  A  T  P  H  C  V  T  V  H  S  W  K  G  W
E  Z  O  A  H  P  A  K  A  C  X  Y  F  F  O  L  J  W  B  O  C
A  G  X  Y  G  Y  A  L  Z  G  A  R  O  H  U  G  C  B  L  Y  N
D  I  T  W  N  O  F  G  I  M  O  L  T  G  G  A  L  D  A  L  N
S  S  M  S  E  I  Y  V  O  S  F  Y  E  Y  A  G  U  Q  N  A  U
S  I  A  V  E  L  A  U  X  Y  P  L  N  W  M  M  S  N  O  N  I
H  U  N  A  K  F  L  T  M  C  A  I  W  E  I  Y  E  Y  I  O  C
U  A  C  S  B  O  A  B  N  A  D  N  R  K  K  G  G  L  T  I  N
V  G  B  R  P  P  I  G  E  U  L  W  E  I  H  A  W  I  A  T  I
K  O  P  Z  I  I  X  T  O  F  O  I  Y  P  T  U  W  F  N  A  S
H  Y  K  Z  X  C  R  F  Z  Y  E  M  D  Z  O  P  F  A  R  N  W
L  D  R  E  J  Q  L  E  Q  X  A  S  A  L  T  R  O  U  E  R  N
X  L  J  Y  F  B  T  U  Y  Q  I  C  T  E  O  Z  U  D  T  E  W
E  R  J  I  S  H  H  C  O  O  L  Z  C  X  V  N  C  E  N  T  R
A  O  U  U  Y  T  Q  L  Z  S  G  W  B  U  Y  Y  V  P  I  N  O
G  W  D  W  O  L  F  A  G  O  Y  A  F  G  L  U  L  O  Y  I  R
T  L  H  R  C  Y  M  A  G  O  Y  O  R  C  A  H  C  T  U  D  D
R  Y  B  P  O  K  P  F  N  L  F  M  H  T  I  L  N  X  T  T  P
```

| | | |
|---|---|---|
| AWAKEN YOGA | LAMU YOGA | SPACE OF LOVE |
| BALISPIRIT | LUCCA YOGA FEST | WELL BE FEST |
| DUTCH ACRO YOGA | MOUNTAIN YOGA | WORLD YOGA |
| EUROPENA YOGA | MOVE COPENHAGEN | YINTERNATIONAL |
| INSPIRE YOGA | OSLO | YOGA FLOW |
| INTERNATIONAL YOGA | SOUL CIRCUS | YOGA MELA |
| JOOGAFESTIVAL HELSINKI | | |

# 88. YOGA FESTIVALS AMERICAS

```
G A G O Y S T A E B I T H S I R D B
X M Y L A F E G H A N U M A N V Y J
R Y Y K C C G L A G O Y A N O D E S
A G O Y E D I R U L L E T G D M K C
Q S E Y P N O I S I V N E K C B B V
J S Z D A G O Y D N E B S Q V I X A
U O V F C V H C M T Z Z X K G B W U
T H A F T S E F I T K A H B Q L V I
E M A M M O T H Y O G A E V O G L Y
T J Q Q J D S W G K Q A J R N X I C
O V L I X H X I U R R J I S N K N P
N W D I R T Y S O U T H Y O G A E C
D J Q Y A L P E N I H S E V O L U R
E P K R R O D O L A V I T S E F M O
M G A D X N Y E L L A V R E V I R Q
M I V R T K E T A C U V I V F T E R
Q T R N Q D O G E I D N A S D F U F
G J K R J O P U N Z A G A W K P X T
```

| | | |
|---|---|---|
| BEND YOGA | ENVISION | RIVER VALLEY |
| BHAKTI FEST | HANUMAN | SAN DIEGO |
| BIG BEAR | LOVESHINEPLAY | SEDONA YOGA |
| DIRTY SOUTH YOGA | MAMMOTH YOGA | TELLURIDE YOGA |
| DRISHTI BEATS YOGA | OM FESTIVAL | TETON |

# 89. YOGA RETREAT DESTINATIONS

```
F G M J R S E F H K W P B E C Q
E E W U C L A F B W V O L I F A
Z X C W L O T Y H D O C O Y M T
M U A N U U S H A F W C V I R L
G O D B P O T T A L M E I I J S
X O U I Y F H S A I A N T X T U
B D A Z C F S C E R L M Z K E B
H J Q I A B R Q Z D I A I O O M
K S I T N U A H N H O C N H V Y
T E E T G R S L A O L N A D N P
T Z M K A D O T I W A H A R J J
L N O B I L D F R N A Z T A G I
K Q W T G H Y L I A Z I C G Y Z
D R M V H J S A E L L O I P S W
F B H A S T P I U U A I L F I C
C Y X F F S R B R E L C A L J I
```

| | | |
|---|---|---|
| AUSTRALIA | HAWAII | SEDONA |
| BALI | HIMALAYAS | SPAIN |
| CALIFORNIA | ITALY | THAILAND |
| COSTA RICA | MEXICO | TULUM |
| GOA | RISHIKESH | UBUD |

# 90. INSTAGRAM HASHTAGS 1

```
J  O  P  Y  Y  E  L  L  A  V  R  E  V  I  R  C  A  S
V  E  G  T  V  C  E  P  L  G  L  B  B  S  I  K  E  W
A  G  O  Y  H  T  U  O  S  Y  T  R  I  D  E  D  M  D
B  U  P  B  V  O  S  J  L  S  M  S  G  O  T  L  J
T  C  O  E  G  L  M  O  F  J  R  L  N  N  B  I  L  G
D  S  M  J  D  A  U  A  A  F  A  F  A  D  N  E  K  F
C  S  E  S  X  A  G  U  M  V  S  Y  I  O  H  Y  A  I
H  A  G  F  S  N  O  O  I  M  O  F  T  J  H  F  O  R
G  C  I  F  I  B  A  T  Y  G  O  E  J  E  X  G  S  F
D  Z  E  Z  D  T  S  G  A  E  T  T  N  S  E  V  I  J
X  U  A  E  I  E  K  H  O  V  D  V  H  I  F  J  W  C
M  R  A  T  F  C  A  A  Z  Y  I  I  D  Y  W  P  K  R
Y  L  U  M  P  N  C  U  H  S  D  D  R  I  O  C  A  C
Z  S  O  G  U  W  M  M  I  B  N  N  F  U  C  G  U  N
Z  S  M  M  V  G  O  O  D  A  F  B  E  A  L  H  A  C
L  Q  A  K  L  Z  N  K  S  B  N  M  C  B  I  L  T  D
U  N  K  Y  A  L  P  E  N  I  H  S  E  V  O  L  E  D
A  G  O  Y  S  T  A  E  B  I  T  H  S  I  R  D  H  T
```

| | | |
|---|---|---|
| ACROYOGA | ILOVEYOGA | YOGA |
| HATHAYOGA | INSTAYOGA | YOGAADDICT |
| HOTYOGA | LOVEYOGA | YOGACHALLENGE |
| IGYOGA | MYYOGALIFE | YOGACOMMUNITY |
| IGYOGAFAM | | |

# 91. INSTAGRAM HASHTAGS 2

```
F I V E N U M H Z U A I N V M D N A
Y L L Y R I Q A L Q L W T J N V O P
S A F F A E X D R L K C P L Z L K I
N V D O W D H Z T G R I W E K C Q A
O O P N W Z Y W U I A I K U D F K P
I P I O M Z Y R Y D F G G Y W A I E
A H Q T I A W L E R K A O A E Z K F
Q Y O E A J D E I V E O G Y G N C V
A M E E W R H Y F A E V F O X O G F
G K A N J O I N R I D A E T Y F Y O
C H W F R N L P U E L A G A H G R X
A P E U A U F F S F V R G O G Z T L
E L P V A G O Z A N A E O O Y O E W
V K J C Q Z O J V G I G A F Y G Y E
Q O G I W G H Y A L O A O G A X Z O
D K S H L V G X D G K Y G Y O G N C
D Z R X W O H A U Y O Q O O K Y O M
C I E H J D Z P T L R Y C Q Y U T Y
```

| | | |
|---|---|---|
| YOGADAILY | YOGAFIT | YOGAGIRL |
| YOGAEVERYDAMNDAY | YOGAFLOW | YOGAGRAM |
| YOGAEVERYDAY | YOGAFORLIFE | YOGAINSPIRATION |
| YOGAEVERYWHERE | YOGAFUN | YOGAJOURNEY |
| YOGAFAM | | |

# 92. INSTAGRAM HASHTAGS 3

```
A  P  N  Z  E  L  Y  T  S  E  F  I  L  A  G  O  Y  A
M  A  F  N  Z  Z  Y  O  G  A  T  E  A  C  H  E  R  Y
W  K  I  Z  G  M  O  M  A  G  O  Y  D  G  S  I  K  Q
L  I  G  O  Y  H  E  N  V  H  O  A  D  K  O  I  V  V
Y  O  G  A  P  H  O  T  O  G  R  A  P  H  Y  H  Z  N
O  E  M  T  E  C  I  T  C  A  R  P  A  G  O  Y  A  I
F  C  Q  G  S  Y  C  P  N  W  Q  Z  C  S  W  Y  E  X
Z  Y  W  N  I  B  O  M  E  Y  D  T  E  D  X  W  K  Y
Y  K  E  B  V  X  N  G  X  R  S  W  T  P  D  O  J  G
N  V  E  V  X  B  D  C  A  U  Y  W  I  S  S  C  S  T
X  O  A  W  D  A  J  Q  Q  L  I  Q  K  J  A  F  V  W
S  E  S  O  P  A  G  O  Y  K  O  B  F  D  B  I  A  Y
B  Z  R  O  Y  Z  T  B  V  F  Z  V  I  J  J  U  V  E
G  T  N  R  L  X  Q  N  V  I  B  M  E  P  W  F  A  Y
E  S  O  P  A  G  O  Y  C  B  R  C  R  R  I  X  J  N
S  T  N  A  P  A  G  O  Y  V  F  M  M  A  H  K  Z  U
T  A  E  R  T  E  R  A  G  O  Y  P  N  H  Q  B  A  A
Y  O  G  A  T  I  M  E  Y  O  G  A  L  I  F  E  C  Q
```

YOGALIFE
YOGALIFESTYLE
YOGALOVER
YOGAMOM
YOGAPANTS

YOGAPHOTOGRAPHY
YOGAPOSE
YOGAPOSES
YOGAPRACTICE

YOGARETREAT
YOGATEACHER
YOGATIME
YOGI

# 93. TOP INSTAGRAM YOGA LOCATIONS

```
D U F J C E R F J J I D X J W J
S S I W K S K U M J X O L W Z O
L A G U T R O P T M X F D P K L
I O H Z S M D A N O T E P P L P
S L I V M N T S A Y A L A M I H
U F V Q L L A W N R O C V F R G
G A L A R E K Y L A T I Y G J T
P L Z A G I L A B W B W C U Y D
M T S A O C I F L A M A A I M R
H Y P Z U U M O C C O R O M T X
A I S E N O D N I W H V V I M G
J F R O E V R A G L A A H M H P
P M X S R K A Z I B I A I D N I
W M V X F E P Z I N O B S I L G
P Z D R B E Y B F N Q O P X I I
F F A A J I X U J A J M X Q S M
```

| | | |
|---|---|---|
| ALGARVE | IBIZA | LISBON |
| AMALFI COAST | INDIA | MOROCCO |
| BALI | INDONESIA | MYSORE |
| CORNWALL | ITALY | PORTUGAL |
| HIMALAYAS | KERALA | UK |

# 94. INSTAGRAM YOGA INFLUENCERS

```
N I V L A G Y E L H S A V P L D
A P D G R A A Z A L E N A N A H
U H N E S L E I N A L Y A K L H
O A E W S P R A H G N I L R A C
Q J H R E L Y T N A G R O M E U
W L L W Q M F E I K Q Y W M X U
W Q T M X X Z N A N I T R A M R
L Z J W N S A S M O S M Y E A G
J C Y R O G E R G C A M O N I K
C K R N S E G D I R B L L E D A
K C D R E N R E W N A L Y D J Z
A P U G W A H A T A N I M A X U
K A Z R E P S A K A R U A L Z X
G P N O Y S P Y G H A N N A H R
M R D K N Y L E U Q C A J E Z Y
Q A N R E V I R R E K W K K J Z
```

| | | |
|---|---|---|
| ADELL BRIDGES | DYLAN WERNER | KERRI VERNA |
| AMINA TAHA | HANANE LAZAAR | KINO MACGREGOR |
| ANIA | HANNAH GYPSYON | LAURA KASPERZAK |
| ASHLEY GALVIN | JACQUELYN | MARTINA |
| CARLING HARPS | KAYLA NIELSEN | MORGAN TYLER |

# 95. INSTAGRAM YOGA INFLUENCERS - MALE

T K E Z I Y C P N X H W N Z B J S C
H V N U A D J A B O I L U J I L L E
I Y E L E L E A H C I M O E W Z C O
R V R E F O H N I V E K H T A W F J
O W J R O M I Z H J A L L T J Z I A
L V R E L S U H M A D A A A E M R N C
A J H D W Y X W X T M M C N S E L O
N F A R A O N F X U C B Y I I N A B
D W J R S N R O Q H N T A S R R Y M
A K E O E K I T U X B M L E R E W A
Z J K R S D R E G P Y D C R O W I N
U Z D X A H M F L J U T N D M N L N
R L C M F C K C I R H G O N W A S I
I D Y R P L N R C E A M S A E L O N
M A R O D F F A A A D M R E R Y N G
N Q F E Y S O R I M N K A D D D X T
Z Z I G O O T F F R E N C L N A Q E
U R N D F Q G P N H B R P V A A E J

ADAM HUSLER
ANDREW MORRIS
BRIAN CAREW
CARSON CLAY CALHOUN
DANIEL RĀMA

DEANDRE SINETTE
DYLAN WERNER
FINLAY WILSON
HIRO LANDAZURI
JARED MCCANN

JACOB MANNING
JOSH KRAMER
JULIO BAJDAUN
KEVIN HOFER
MICHAEL ELEY

# 96. TIKTOK YOGA INFLUENCERS

T D V T L H X M P W Y S U R Q G Y X T X T
K H B K I N T S I P A R E H T D N A L S I
K F E A D H P J Y K Y K Y B K J H F P F N
O X N D G A G C S W A W O O F L R S F T M
G A B O A O U E Z M Z I W Z G Q F W R S E
S E G V S I Y G M I H H M G O A G T E N S
F W C R X L L N N B E N L I P M S L B Y F
C Q E A F M I Y E I H Z M J G E I A Y T A
P N Y G P I L W V E Y P Q U N Z P L S O I
Q H X G B S G J O I R R B J Q B N R I H K
G S T M L S E C K X C G T Y Y K I C P E A
I P I C F P Y H Q S O T R S P C E Y P R T
F X W S Q F W X T H C X O E I G M D S J S
M X Y R A M B N W H Y S A R V S P A E J A
G U N T S A N Q M K A L R N I E A B Z Y P
D V Y J C E G G O E E J Z U N A X J P W A
S E V O M Y A M T X W M Z J Z A N I Z H Y
M G P V Z S S E N T I F Y E D N A P K D M
S C I T S I L O H N E G A H N O T Y A P A
N X U X Q Q B F Z N Y P N R O W O U O X R
D D L D L Z B D X U Z Z I E W C Z A Y G R

AHTHESPACE            ISLANDTHERAPIST       PAYTONHAGENHOLISTICS
ANNAXOXOWILSON        JASISTRYING           RAMYAPASTAKIA
DKPANDEYFITNESS       KOZOMILIE             THEDAILYVICTORIAN
EVERGREENYOGABD       MAYMOVES              YOGASASHA

# 97. YOGA PROPS

```
S M A D W Y A R M L O F S T U J D K
I D N R A V O R J D B R K G Y C N G
T K N I L P O G K W M B C G G S O S
X T F A E Q B A A I H F O V H P I G
H O I H B Z T L P W C P L G S A H E
U E F C Y E G E E X H H B H U R S C
W T P A Y Y C P K W A E E X T T U N
O T Y G N O O N O N D J E A H S C O
L W O O N R G S A P A Q M L D Y N I
L D R Y L B A A A T K L M W O B O H
I B J L Y N R S N S D B G O Y I S
P J A C D L E L E W V I A H E P T U
E W Q B V Y T C S K I B S R R Q A C
Y Y A B O X S M O I A N W E R P T U
E G P A Q F L S X L E K G E R E I F
Y H J W L T O Q L Y Z J Y G W W D A
E M K L Q X B D I E S O O A Q F E Z
E N A N M S R S R M S X K W H Q M I
```

| | | |
|---|---|---|
| BLANKET | MEDITATION CUSHION | YOGA BALL |
| BLOCKS | RESISTANCE BANDS | YOGA CHAIR |
| BOLSTER | SANDBAG | YOGA SWING |
| EYE PILLOW | STRAPS | YOGA WHEEL |
| MAT | WALL ROPE | ZAFU CUSHION |

# 98. INDIAN YOGA SCHOOLS

```
W W C A L A H S A G O Y A S A Y N I V I Y
A G Z P A R M A R T H N I K E T A N Z K O
J J X M A L U K G O Y H S E K I H S I R G
A R R A G N E Y I I N A M A M A R T Z A A
T A I P Q X S V W D J F H K O T A V O Y V
N G H S P T K A G O Y I T N A H S O S P I
A D N G H E P W B A G O Y N A H O R A A D
D L A O N I O J Q J Q O Q F X Y C E S R Y
E M A W A A K P S F Y P V C H Z O W B E A
V L H H V U S U V P U W Q A Y F J Q Q H M
A I M P S D R A L R Q A G O Y A L A B T A
D E A E V G V B G Y Y T G J K B R O T A N
N P C I I D O I S O O Z J P T A P Z E G D
A U U K W F L Y N G Y G H R Y U Q A Q O I
N H P X O V W A I E F T A E H O Y R U Y R
A K L V M Y O L O T Y A A S E L D M I N A
V L J O M R I C Z W K O L R H T D E O I M
I Q C I G U M X G C H A G R V A M E T Y P
S S C R J S U U T B H I H A S V L K O J S
L O O H C S A D N I R V V B K W E A X X W
E L O O H C S R A H I B J A K F G D G U E
```

AROHAN YOGA

BALA YOGA

BHAKTI YOGSHALA

BIHAR SCHOOL

DEVVRAT YOGA SANGHA

DVINE YOGA

PARMARTH NIKETAN

RAMAMANI IYENGAR

RISHIKESH YOGKULAM

RISHIKUL YOGASHALA

SIVANANDA VEDANTA

SOSHANTI YOGA

VINYASA YOGA SHALA

VRINDA SCHOOL

YIN YOGA THERAPY

YOGA VIDYA MANDIRAM

# 99. BEST YOGA SCHOOLS GLOBALLY

```
Y V A I S E N O D N I C C P Y I O X M V D E I K C N
T A S R I S H I K E S H H R N Y Y O F N M B M I M E
H A W A I I I S L A N D R E T R E A T C E N T R E T
E E R X N P L N Y H S O B U M R N A J T F I N V T U
H Y O N K W N X C M H B P A Q E L H V V Q Z B K P T
I O M C M A E C R M C H H A Y H J X K D S X Q W V I
M G S L N L R U V B T O Y O I C L L E K X S L G L T
A A H P K Z U C H A W A I I P U B H N W R D T J A S
L N A F A O D P A A S J G P T D N J S R M X T Z G N
A E L F J Z M J G T L U L S W U S O N O W W V V U I
Y W A Y A G W A V X A I E Q W P A I W E Q B X O T A
A V Y J R U D N A M H T A K U S X M L D P H A Z R G
N I O D Y S W E R S B W R N A X T G A A S A D I O O
Y S G Q A H T J O V Q Z D C E T Y J R O B Y L G P Y
O I A T O O R I O N H E A L I N G C E N T R E I Y N
G O S R G M P I Z E C N E E I I C T E N Z G P O W A
A N F F A N N N H X A H W I U Z H J F P Y V N E J Y
A J T M A V V D W R R F F E O R Q E L S N A A E Y A
C H C X C G V I P J I A S O O O E C G E L D G T J L
A R R P A S B A R T D I N D I A A I D G Y M N B U A
D X W H D M M Q L N V Z Q Q Q K S O A K A I A Z D M
E N G R E J V O B F Z X T B N T U R H G Y S H Q C I
M X D W M Q B L B J O Y C P M X V H Q E X Q P Y P H
Y G O X Y F P D W D I L H R X E F J K B I K H N S E
R B U E P P M Q B B B S N R O Z K M H E F F O M V H
Y P D N A L I A H T R X G D P F K W P N C B K Z N T
```

IAJARYA OGA ACADEMY......................... RISHIKESH........................ INDIA
THE HIMALAYAN YOGA ACADEMY........ KATHMANDU.................. NEPAL
PRANA CASA.............................................. ALGARVE.......................... PORTUGAL
OM SHALA YOGA......................................ARCATA............................ USA
THE HIMALAYAN YOGA INSTITUTE....... PUDUCHERRY................. INDIA
YOGA NEW VISION.................................. BALI................................. INDONESIA
ORION HEALING CENTRE........................ KOH PHANGAN.............. THAILAND
HAWAII ISLAND RETREAT CENTRE........ HAWAII............................ USA

# 100. YOGA LOVING CELEBRITIES

```
M J N P R C L L Z J K A J N U L Y A
A U O B U R E N R D N B E O X J K Q
T S O Q S S A M J N R Q S T E O J S
T T P K S A C L O S K O S S G R B F
H I S M E G L D K V G K I I R L R Q
E N R A L W A A X N O Z C N L A S K
W T E H L M D M Z T K E A A D N H C
M I H K B P Y I Q Q A N B R B D C O
C M T C R Z G T N R T I I E I O F L
C B I E A J A F X U E V E F C B S I
O E W B N Z G Z H J H E L I U L W N
N R E D D L A D Z Z U L Z N B O G F
A L S I I B Y V M P D M T N P O P A
U A E V R D N G F J S A P E F M V R
G K E A Q K G T E Z O D F J O U F R
H E R D Y C Z T L L N A A D K K K E
E F I N E H C D N U B E L E S I G L
Y D J H E G N I L S O G N A Y R W L
```

| | | |
|---|---|---|
| ADAM LEVINE | JESSICA BIEL | MATTHEW MCCONAUGHEY |
| COLIN FARRELL | JUSTIN TIMBERLAKE | ORLANDO BLOOM |
| DAVID BECKHAM | KATE HUDSON | REESE WITHERSPOON |
| GISELE BUNDCHEN | LADY GAGA | RUSSELL BRAND |
| JENNIFER ANISTON | MADONNA | RYAN GOSLING |

# SOLUTIONS

## 1. YOGA POSITIVITY 1

```
S E Y T G H G P W G C P S C U
Z M H N R A W E U W N N E W Y
Y P L E A R B R K I T N P Y L
N O O M T M O G Z H T W F S O
B W F N I O I P Z E T J L C E
A E D G T N E Z R S C F E L Q
L R E I U Y K E S A M Q X A U
A M K L D B D E L H X O I R A
N E E A E N N M E N N N B I N
C N Q G E E N C G K T P I T I
E T F S R E A N A U Y Q L Y M
Q J S A S R M I H G E T I J I
T B W S G A Y S S I L B T E T
F A N O I T C E N N O C Y S Y
K H T N E M N E T H G I L N E
```

## 2. YOGA POSITIVITY 2

```
S T R E N G T H O V U Y O B E
P P N J Z K K Y O J E I D N T
B M O S S B F T C W B Z S O G
T S I E E M Y I V E L R M I S
O T T L R K F L I L F B I T P
L J A F E C P I T L Y X N A I
C H M D N I O U A B B I D X N
E E R I I V D Q L E P Z F A N
C A O S T M R N I I T V U L E
N L F C Y F E A T N I I L E R
E I S O L D N R Y G Q X N R P
I N N V I S E T V L Y X E N E
T G A E Z W W P W A M A S V A
A D R R K E A L P Q N D S P C
P H T Y R K L L A W E N E R E
```

## 3. ABOUT YOGA

```
L I F E S T Y L E K H C R B
E H W Z E T D S Q H E T O V
M B Q F R H A C H L Q D E F
A N X P Q N A R A J Y B L Y
R U V L S S N C E Y O A U I
H W B K A W I M T L U U V I
S N R N D S O I B T C U G V
A I A K Y T N R I C F O E M
T S L H I U E R A I Y Y T A
H A P O M A I M I Z T M S N
Y K N N T P C T D P M I A T
J A I H S I M I N I P N M R
L L A T N E M L U R L D A A
A G O Y C P O S T U R E N A
```

## 4. YOGA INCREASES....1

```
D R T V Z N M Y G R E N E Y J
P R L Y H O L J H J P M Z B V
M A S T T I N B E H S V S G D
M L G I G T O O D C C C S N F
H U E L N A I D D H N L E M X
E C N I E L T Y H I V A N E W
M S D B R U C I A H C C L T Z
O A U I T C N M P E A Y U A X
G V R X S R U A P A L T F B B
L O A E E I F G I L M I D O P
O I N L N C N E N T N N N L W
B D C F O I I F E H E U I I L
I R E Q B D A Q S W S M M S I
N A K C V Z R Y S O S M W M Z
R C G N I X B E D B G U O Q G
```

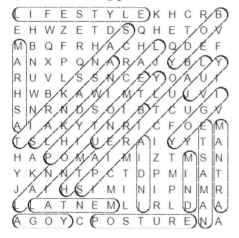

## 5. YOGA INCREASES....2

```
E D P N I S B N S W A X I R Z
C Q U Y K S L V T O N E A Z V
N U U S M E E T S E F L E S I
E A O P Z N M D K S L E E P T
D L B O S E R O T O N I N O A
I I J S F R Y Q D I U I W V L
F T H T L A E H L A T N E M I
N Y C U I W X K K S L V B R T
O O W R H A K H L V L B O V Y
C F Y E C F W E L L B E I N G
F L R I Q L R K B W P E A C E
L I S T R E N G T H L E B O Z
E F Y R W S H E G B H J K R C
S E V M S I M I T P O Q F H X
Y T I C I T S A L P O R U E N
```

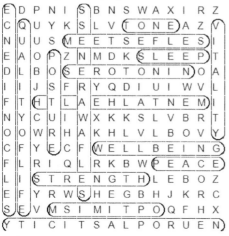

## 6. YOGA DECREASES...1

```
J N F L A M M A T I O N J N
I B Y T S G O T U O N R U B D
H E A R T R A T E S E H C A Y
S C O N S T I P A T I O N Z C
I B O C L P L O Y P A N N S H
T C L B I L G A P L O O I O
I F S O H N B U S E O I I T L
R Q R T O N W S T V S T S I E
H X G U Z D B S H Q I C S R S
T R R J K R S S M D T I E T T
R K J H M Z Q U A S R D R S E
A Y T E I X N A G E O D P A R
M N G Q D V X K S A C A E G O
B P T A I F D Z P V R P D X L
V I B L O O D P R E S S U R E
```

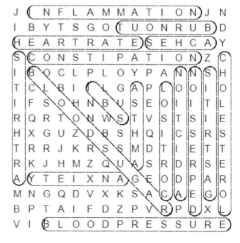

# SOLUTIONS

## 7. YOGA DECREASES...2

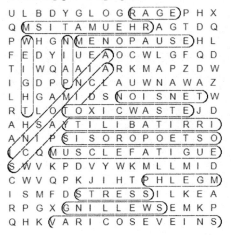

```
U L B D Y G L O G R A G E P H X
Q M S I T A M U E H R A G T D Q
P W H G N M E N O P A U S E H L
F E D Y I U E A O C W L G F Q D
T I W Q A A I A R K M A P Z D W
I G D P P N C L A U W N A W A Z
L H G A M I D S N O I S N E T W
R T L O T O X I C W A S T E J D
A H S A Y T I L I B A T I R R I
A N I P S I S O R O P O E T S O
L C Q M U S C L E F A T I G U E
S W V K P D V Y W K M L L M I D
C W V Q P K J I H T P H L E G M
I S M F D S T R E S S I L K E A
R P G X G N I L L E W S E M K P
Q H K V A R I C O S E V E I N S
```

## 8. YOGA IS GOOD FOR...1

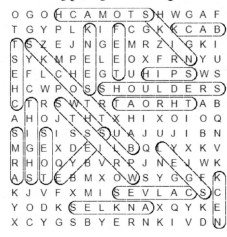

```
O G O H C A M O T S H W G A F
T G Y P L K I F C G K K C A B
T S Z E J N G E M R Z I G K I
S Y K M P E L E O X F R N Y U
E F L C H E G T U H I P S W S
H C W P O S S H O U L D E R S
C T R S W T R T A O R H T A B
A H O J T H T X H I X O I O Q
S I S I S S S U A J U J I B N
M G E X D E I L B Q L Y X K V
R H O Q Y B V R P J N E J W K
A S T E B M X O W S Y G G E K
K J V F X M I S E V L A C S C
Y O D K S E L K N A X Q Y K E
X C Y G S B Y E R N K I V D N
```

## 9. YOGA IS GOOD FOR...2

```
D T Z C E E A R B E T R E V D
L I V E R H L A E G Y S V G P
M L U N G S Y J U A Q Y G E X
T D I V J O I N T S B E S D L
M I Y B X Q T F X C V N F R K
L Y S L A T R A E H F D Q C A
W K W O P B I B U M J I I B U
L N I O S P L E E N R K W F E
E X Y D H A M S T R I N G S N
S I V L E P V B M N H F Q U I
V S E N I T S E T N I C A L P
P A N C R E A S P X B I P K S
E C P L W Q P B R A I N Z K K
I J K Y D Y P V M U S C L E S
C S A C R A L N E R V E S O A
```

## 10. YOGA IS GOOD FOR...3

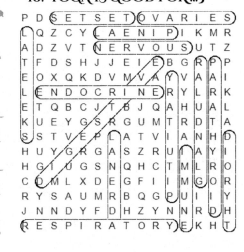

```
P D S E T S E T O V A R I E S
L Q Z C Y L A E N I P I K M R
A D Z V T N E R V O U S U T Z
T F D S H J J E I E B G R P P
E O X Q K D V M V A Y V A A I
L E N D O C R I N E R Y L R K
E T Q B C J T B J Q A H U A L
K U E Y G S R G U M T R D T A
S S T V E P L A T V I A N H D
H U Y G R G A S Z R U A Y I
H G I U G S N Q H C T M L R O
C O M L X D E G F I I M G O R
R Y S A U M R B Q G P U I I Y
J N N D Y F D H Z Y N N R D H
R E S P I R A T O R Y E K H T
```

## 11. YOGA HISTORY PEOPLE 1

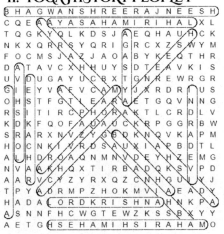

```
B H A G W A N S H R E E R A J N E E S H
C Q E A A Y A S A H A M I R I H A L X L
T Q G K Y Q L K D S J A E Q H A U H C L
N K X Q R R S Y Q R I G R C X Z S W Y M
F O C M S J A Z J A O A B Y K E Q T H R
D A T A V C X H H U Y S D T E A V K I S
U V D U G A V C B X T G N R E W R G R
G I E Y V A F V C A M Y J X R D R U S
O H S T F G T I E A R A E T G Q V N N G
R S I T I R C P H O R A K T L C R D L V
K D K F Q O F A U A U C K R P G G R B W
S R A R X N V Z Y G B D K N Q V K A P M
H O C N K I V R D S A U X I A P B D T L
A L H D R O A Q N M N V D E Y H Z E M G
N V A A K H Q X T I R B A D Q K S V P D
A A R V C Y Z Y R X Q Z C N H G U Y J
T P Y A D R M P Z H O K M V I A E A D Y
H A D A L O R D K R I S H N A H N K A J
A S N N F H C W G T E W Z K S S B X Y Y
A E T G H S E H A M I H S I R A H A M O
```

## 12. YOGA HISTORY PEOPLE 2

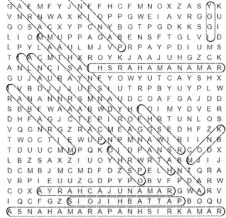

```
P X S Z F X X H F A V P M Q D T Q Z N F Y
G A E M F Y J N F H C F M N O X Z A S Y K
V N R N W A X K I O P P G W E I A V R G O U
G O S A C X Y P C N Y B G T P G D K K S G I
L I O M M U P P A G A B E N S F T G L V Q D
L P Y L A A U L M J V P R P A Y P D I U M S
T A C M T H X R O Y K J A A J U H G Z C K
A N L N C I S A H S R A H A M A N A M A R
G U J A U R A Y N E Y O W Y U T C A Y S H X
V B D J J U E S I U T R P B Y U Y P L W
R A N A N N R S M N A U D C O A F G A J D D
S B B E W A A A B W D Y H O I M Y D V E R
D H F G A J C T E R I R O F H R T U N L O S
V Q G N R G Z R A C M E A G G S E D H F Z K
T W O C T I E W U P N P M N A W I R I I N B
T D U U C M M P Q K O J O P A N S R C O J
L B Z S A X Z I U O Y H R W R T A B M J I J
D C M B J M C M D F D Z S P E L H N T Q R A
V R P I E U U Z G D P Y P O B V F P D A R W
C O X A Y R A H C A J U N A M A R G W A R V
I Q C F G Z S I O J I H B A T T A P B O Q U
A S N A H A M A R A P A N H S I R K A M A R
```

# SOLUTIONS

## 13. YOGA HISTORY - PEOPLE 3

```
P X F S K Z P Z M F U Y B H V B W I P Z G D W A
S W A M I S I V A N A N D A S A R A S W A T I Y
N S U R A D A S A M T S Q G E Y L T F P T Y M R
B E A G R J D Y S T A B Z E S J B M A S G R G A
Z T H G J A E S T E I R P C I D E V W S C C H
K G K Y A L S N K E N A S I H S I R A T P A S C
Y P A F F U T A G E D F K X B N J C U T A
W B D Y Z O Y A Y U K T E S W A R G I R I H L M
A A N M H T S Q H V J N B M Q U S P J V F V N A
X N A B K P T E X Q A V C B F M Q D R N H Q N
Z I N Q E Z E M P S R I A U R O B I N D O D I H
C U A O N Z S W A M I V I V E K A N A N D A C S
S Z Y L K T H K R E W O M D W T A W F O T U L I
U Z A K J A R D N E G O Y I R H S A C I S R R
K Q L D D G M I F X R Y Z Z C P A M H P B X I K
Y F A I G F S M A T E B Y M L Y A P R B Z H L
W V V U L R K A K O V T Q U B R X U Z G W F E A
N W U A M R Q Q D M R I J F B C K N U N C Q E L
J I K H S J H L J Z V M C J Y T Y A T T C A
E K I H O A O N H E S U P Z E O T T H J F H M
A J M N T Y T L T W N L W C E Y Z E J T X X U
L G A B X D E K A F T K U O U D B T U C U C N R
I F W L S X Z Q T P X P H T J P C L W U O B T I
R T S Y I H B W F K G Y V K C A Q E F F T G P T
```

## 14. YOGA HISTORY HINDU SCRIPTURES

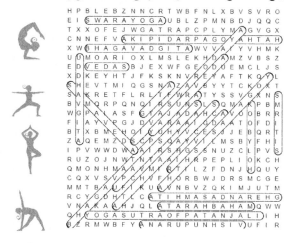

```
H P B L E B Z N N C R T W B F N L X B V S V R O
E I S W A R A Y O G A U B L Z P M N B D J Q Q C
T X X O F E J W G A T R A P C P L Y M A G V G X
C N N E F V A K I P I D A R P A G O Y A H T A H
X W B H A G A V A D G I T A W V V A I V H M K
U U M O A R I O X L M S L E K H D A M Z V B S Z
E D V E D A S B J E X W F G E O D U E M C L J S
S H E V T M I Q G S N A Z A V B Y Y T C K O X T
S A K R E T F L R L T W R A T Y S S V G X N S
B V M Q R P Q N O I R S U N S J S Q M A K P O R
W G P A L A S F E T A J A D H C A V O O B R R
F I A Y P G J D V A R A I Z D A T O F D I
B T X B M E H O I C U H M V C Z X J E B Q H I
Z A Q E M Z D G C P S Q A X V I L M S B Y F H I
I P V W W D W A J I R S H G S N U Z C L P V S
R U Z O J N W T N A T A H T P E P L I O K C H
Q M O N H M A A M I E T L Z F D N J H Q U Y
C Q X V S P Y C H V F H O R B W J D R S M C G E
M M T B A U F I K U A V N B V Z G K M J U T M
R C Y G D H T L C A T I H M A S A D N A R E H G
V N A K A H J Q L A T A R A H B A H A M Q W W
Q H Y O G A S U T R A O F P A T A N J A L I I H
B Z R M W B F Y A N A R U P U N H S I V U F I R
```

## 15. YOGA HISTORY

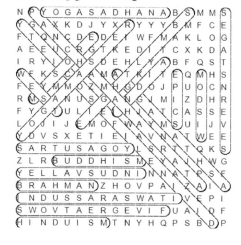

```
N P Y O G A S A D H A N A B S M M S
Y G A X K D J Y X R Y Y Y B M F C E
F T Q N C D E D E I W F M A K L O G
A E E R Y I O R G T K E D I T C X K D A
I R Y I O H S D E H L Y A B F Q S T
W F K S C A A M A T K I T E Q M H S
F E V M M O Z M H G D O J P U O C N
R M S A N U S G A N G M I Z D H R
F Y G T U L I E H V A T C A S S E
L O J I J E M O F W A Y M S U I J
Y D V S X E T I E I A V N A T W E E
S A R T U S A G O Y L S R T T Q K S
Z L R B U D D H I S M E Y A I H W G
Y E L L A V S U D N I N N A T P S E
B R A H M A N Z H O V P A I Z A I A
N D U S S A R A S W A T I V E P I
S W O V T A E R G E V I F U A I D F
H I N D U I S M T N Y H Q P S B D P
```

## 16. CLASSICAL YOGA

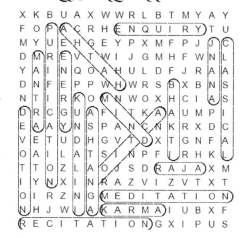

```
X K B U A X W W R L B T M Y A Y
F O P A C R H E N Q U I R Y T U
M Y U E H G E Y P X M F P J J C
D M R E V T W I J G M H F W N L
Y A I N Q O A H U L D F J R A A
D N F E P P W H W R S B X B N S
N T I R K O M N W O X H C I A S
D R C G U A F I T K A A U M P I
E A A Y N S P A N C N K R X D C
V E T U D H G V T D X T G N F A
O A I L A T S I N P F U R H K L
T T O Z L A O J S D R A J A X M
I Y N X I N R A Z V I Z V T X T
O I R Z N G M E D I T A T I O N
N H J W U A K A R M A I U B X F
R E C I T A T I O N G X I P U S
```

## 17. MODERN YOGA

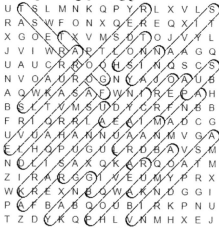

```
U T S L M N K Q P Y R L X V L S
R A S W F O N X Q E R E Q X I J
X G O E T X V M S D T O J V Y L
J V I W R A P T L O N N A A G Q
U A U C R R O H S I N Q S C S
N V O A U R O G N Y A J O A U B
A Q W K A S A F W N I R E P A H
B S L T V M S U D Y C R F N B B
F R I Q R R L A E I M A D C G
U V U A H A N N U A A N M V G A
E L H O P U G U L R D B A V S M
N D L I S A X Q K A R Q O A T M
Z I R A R G G I V E U M Y P R X
W K R E X N B O W A K N D G G I
P A F B A B O O U B I R K P N U
T Z D Y K Q P H L V N M H X E J
```

## 18. KARMA YOGA

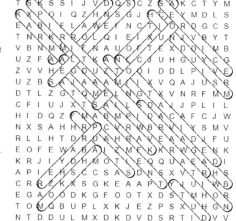

```
T S K S S I J V D Q S C Z S A K C T Y M
K X P Q I Q Z H N S G J H C E Y M D L S
E A B I F L A W E I N C T I O R D G C S
T N R K R R O L Q I E I X U N V B Y T
V B N M M I E N A U O F T E X D D I M B
U Z F A A L T K A N C J U H G U Y C G
Z V V H E G U Z T O O I D D L P V E
A O W A L A A A M I X V A Q A J U S R
D T L Z G T Q M E L N G T X V N R F M M
C F I U J X T S A I L S O A J J P L I L
H I D Q Z F M A B M P I D A C A F C J W
N X S A H H R P C V R W B R V I Y S M V
R L L H T D R U A H R A V E A A O J T L
E O F E W A B A I Z M F K K R W G E N K
K R J I Y D H M O T I E Q Q U A E A D I
A P I E H S C C S A S D N S X V T R J S
C R R Z K X S G K E A A P T I U I W B
E G A O O D K G F O O T X D S T M H O R
T O M Q B U P L X K J E Z P S X U H G N
N T D D U L M X D K D V D S R T I D V V
```

# SOLUTIONS

### 19. JNANA YOGA

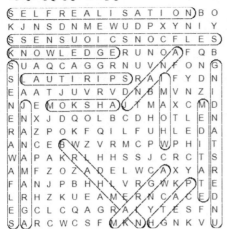

```
S E L F R E A L I S A T I O N B O
K J N S D N M E W U D P X Y N I Y
S S E N S U O I C S N O C F L E S
K N O W L E D G E R U N O A F Q B
S U A Q C A G G R N U V N F O N G
E A A T J U V R V D N B M V N Z I
N J E M O K S H A U T M A X C M D
E N X J D Q O L B C D H O T L E N
R A Z P O K F Q I L F U H L E D A
A N C E B W Z V R M C P W P H I T
W A P A K R L H H S S J C R C T S
A M F Z O Z A D E L W C A X Y A R
F A N J P B H H L V R G W K P T E
L R H Z K U E A M E R N C A C E D
E G C L C Q A G R A L Y T E S F N
S A R C W C S F M K N H G N K V U
```

### 20. BHAKTI YOGA

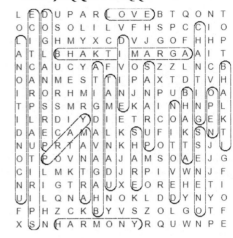

```
L E D U P A R L O V E B T Q O N T
O C O S O L I L V F H S P C C I O
L I G H M Y X C D V J G O F H H P
A T L B H A K T I M A R G A A I T
N C A U C Y A F V O S Z Z N C B N
O A N M E S T I P A X T D T V H H
I R O R H M I A N J N P U B I O A
T P S S M R G M E K A I N H N P L
I L R D I Y D I E T R C O A G E K
D A E C A M A L K S U F I K S N T
N U P R T A V N K H P O T T S J L
O T P O V N A A J A M S O A E J G
C I L M K T G D J R P I V W N J F
N R I G T R A U X E O R E H E T I
U I L Q N A H N O K L D D Y N Y O
F P H Z C K B Y V S Z O L G O T F
X S N H A R M O N Y R Q U W N P E
```

### 21. RAJA YOGA

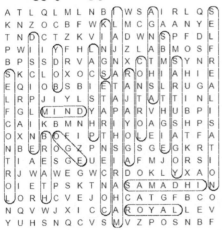

```
A T L Q L M L N B I W S A I R L Q S
K N Z O C B F W K L M C G A A N Y E
T N D C T Z K V I A D W N S P F D L
P W I I F H L N J Z L A B M O S F
B P S S D R V A G N X C T M S M V
S K C L O X O C S A R O H I A H I E
E Q I O B S B I E T A N S L R U G A
L R P J I Y L S T A J T A T T I N L
F G L M I N D Y A P A R V H U B P I
C A I K B M N H R I Y O A G S H P S
O X N B O F I P T H O U E I A T F A
N B E R O G Z P N S G S G E G K R T
T I A E S G E U E I A F M J O R S I
R J W A W E G W C R D O K L Y X A O
O I E T P S K T N A S A M A D H I N
U O R H C V E J O H C A T G F B C O
N Q V W J X I C C A R O Y A L L E V
Y U H S N Q C V S M V Z P O S N B F
```

### 22. PATANJALI 1

```
A T S K B Z P D A Y S V H X Z C
B W F E S U H H T H L S F H Q S
B K T O R Y S D A T E C N B N J
H C U I A U A R I R S O M O Z C
C L T N R M M Z U O I A I W X A
X Y U A O A T U T T A F R B
J L P S N N S L A E A M V A U Y
B V E Y A O L T R R A B H I Y P
K A Q R P A I T Y R A T C R I
L E A Q T D A N I E Y I H A A D
X H P X E L E N A T R I N S N I
D S X M I C D T A K T A A I C H
M J K T N T H R A T Y N M N A B
H S Y O Y I P R A A E A N C Q
V X C Y N M P C M D O S G D H L
L D C G X U Z A O S C N R N P Y
```

### 23. PATANJALI 2

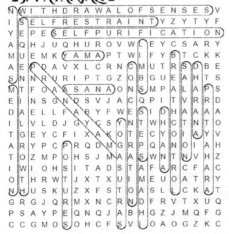

```
N W I T H D R A W A L O F S E N S E S V
I S E L F R E S T R A I N T Y Z Y T Y F
Y E P E S E L F P U R I F I C A T I O N
A Q H J U Q H U R O V W L E Y C S A R Y
M U E M K Y A M A P T W I F Y B T C K K
A E D A V X L C R N C M U T R S D B E
S N N R U R I P T G Z O B G U E A H T S
M T F O A A S A N A O N S M P A L A P S
E I N S G N D S V J A C Q P I T V R R D
D A E L L F A B Y F W E S I D H A A A A
I L V L D J G Y C S Y N T W H C T N T O
T G E Y C F I X A K O T E C Y O I A Y
A R Y P C P R Q D M G R P Q A N O I A H
T O Z M P O H S J M A A S W N T N V H Z
I W I O H S I T A D S T A F A R C F A C
O T H R W T J X T X U I M E U O A T R Y
N H U S K U Z X F S T O A S L U C K A T
G R G J Q R M X N C R N D F R V T X U Q
P S A Y P E Q N Q J A B H G Z J M Q F G
C C G M O S O H C F S V O A O G Z K C
```

### 24. YAMAS

```
M D M A T Q F S J A Y R A C A M H A R B
E L R X Q O C T K P W G Q H B P K I U M
A O Y T E I C O S A S Y G O F C M D X P
G R L S H P O D T R W E D O C L A R O M
G T E V F S P I R I T U A L U P L I F T
Q N S B O I K N C G R Z D F A L X D S O
B O P T N E M H C A T E D Y V U Q U X A
M C E B G P Y F V H W S P M Q T C Q U Y
Y G A H N G D Q A B H F F A L A G R I
L Y K T N I A R T S E R F L E S L W C B
D Y T K E T H Q B T U Y I A W J N K T I
N L R U O I V A H E B S U O I C S N O C
E F U Y A M A O Q Y A Q V S A T Y A G P
I G T Y L E E A Y A W F J D C K I K Z N
R G H X E V I S S E S S O P N O N Z P Q
E T H O P A Q M S E G R U L A U X E S N
L X T I M R J I N O N S T E A L I N G D
J U D B A D D H H R Y C V P C U T W R Z
N R W O D I I A U L K A I V A L Y A J T
Y Q A W E N O N V I O L E N C E L T X O
```

# SOLUTIONS

## 25. NIYAMAS

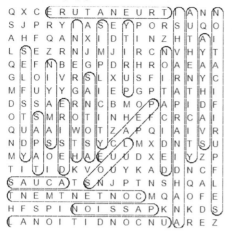

```
Q X C E R U T A N E U R T I A N N
S J P R Y I A S E Y P O R S U Q O
A H F Q A N X I D T I N Z H T A I
L S E Z R N J M J I R C N V H Y T
Q E F N B E G P D R H R O A E A A
G L O I V R S L X U S F I R N Y C
M F U Y Y G A I E P G P T A T H I
D S S A E R N C B M O P A P I D T
O T S M R O T I N H E T C R C A I
Q U A A I W O T Z A P Q I A I V R
N D P S S T S Y C L M X D N T S U
M Y A O E H A E U U D X E I Y Z P
T I T I D K V O U Y K A D D N C F
S A U C A T S N J P T N S H Q A L
I N E M T N E T N O C M Q A O F E
H F S P I N O I S S A P K N K D S
L A N O I T I D N O C N U A R E Z
```

## 26. KRIYA YOGA

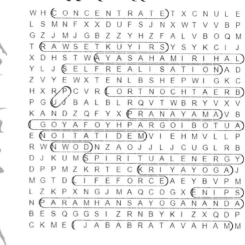

```
W H C O N C E N T R A T E T X C N U L E
L S M N F X X D U F S J N X W T V V B P
G Z J M J G B Z Z Y H Z F A L V B O Q M
T R A W S E T K U Y I R S Y S Y K C I J
X D H S T W A Y A S A H A M I R I H A L
Y L J S E L F R E A L I S A T I O N A D
Z V Y E W X T E N L B S H E P W I G K C
H X R P C V R L O R T N O C H T A E R B
P G U J B A L L R Q V T W B R Y V X V
K A N D Z Q F Y X P R A N A Y A M A V B
I G O Y A F O Y H P A R G O I B O T U A
E N O I T A T I D E M V I E H M V L L P
R W N W O D N Z A O J J L J C U G L R B
D J K U M S P I R I T U A L E N E R G Y
D P P M Z K R T E C K R I Y A Y O G A J
M G T D L I F E F O R C E A E Y B V P M
L Z K P X N G J M A Q C O G X E N I P S
N P A R A M H A N S A Y O G A N A N D A
B E S Q G G S I Z R N B Y K I Z X Q D P
C K M E J A B A B R A T A V A H A M M
```

## 27. PRANAYAMA BREATHING

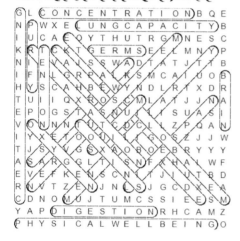

```
G L C O N C E N T R A T I O N B Q E
N P W X E L U N G C A P A C I T Y B
I U C A E Q Y T H U T R G M N E S C
K R T C K T G E R M S E E L M N Y P
N I E V A I S S W A D T A T J T T B
I F N L G R P A L K S M C A I U O B
H Y S C A H B E W Y N D L R T X D R
T U I I Q X R O S C M L A T J J N A
E P O G S T A S N U L I S U A S I
V O N N N I U T C O L L Z P Q A N
I Y X E T O O U I L O O S Z J J W
T J S Y V G S X A O B O E B R Y Y Y
A S A R G G L T I S N F X H A I W F
E V E F K E N S C N T J I U T B D
R N V T Z E N J N L S J G C D X E A
C D N O M U J T U M C S S I E E S M
Y A P D I G E S T I O N R H C A M Z
P H Y S I C A L W E L L B E I N G O
```

## 28. PRANAYAMA BREATHING TYPES

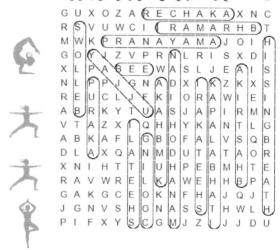

```
G U X O Z A R E C H A K A X N C
R S V U W C I R A M A R H B T
M W K P R A N A Y A M A J O I H
G O Y J Z V P R N L R I S X D I
X L P A B E E W A S L J E A I S
N L P P J G N A D X K Z K X S
R E U C L J E K I O R A W I E I
A B R K Y T U A S J A P I R M N
V T A Z X Q H H Y K A N T L G
A B K A F L G B O F A L V S Q B
D L A X Q A N M D U T A T A O R
X N I H T T I U H P E B M H T E
R A V W R E L K A W E H H B P A
G A K G C E O K N F H A J Q J T
J G N V S H O N A S S T H W L H
P I F X Y S C G M J Z U J D U
```

## 29. PRANAYAMA BREATHING 1

```
Q B R E A T H O F F I R E W J P
C H A N D R A B H E D H A N A J
A L T E R N A T E N O S T R I L
Z G O F F M G A R H P A I D N U
J L X S T O H G N I H T A E R B
X A V O P C C O N T R O L X J G
F N C A B H Y A N T A R A B S W
B I O A M O L I V A M O L U N A
L M O L F T A A Y A M A Q G U C
O O L Z S W O L L E B K E H R K
O D I H B Y A D B H R A M A R I
D B N H O N O I T S E G I D A M
F A G X T A K I R T S A H B Z D
L A U A M G C U F V I T H B J G
O M R Y L H M Q G X B R A I N S
W A P B R E A T H C O N T R O L
```

## 30. PRANAYAMA BREATHING 2

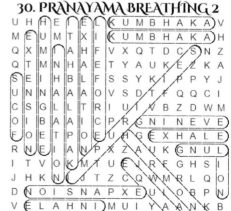

```
U H H E I E L K U M B H A K A V
M E U M T X I K U M B H A K A H
Q X M I A H F V X Q T D C S N Z
Q T M N H A E T Y A U K E Z K A
S E I H B L F S S Y K I P P Y J
U N N A A A O V S D T F Q Q C I
C S G L L T R I U I V B Z D W M
O I B A A I C P R G N I N E V E
F O E T P O E U H G E X H A L E
R N E I A N P X Z A U K G N U L
I T V O K M T U E R F G H S I
J H K N J T Z C Q W M R L Q O
D N O I S N A P X E U O B P N
V E L A H N I M U I Y A A N K B
I N T E R R U P T E D H L V Y L
G L O T T I S V X H Z D N O J P
```

# SOLUTIONS

## 31. PRANAYAMA BREATHING 3

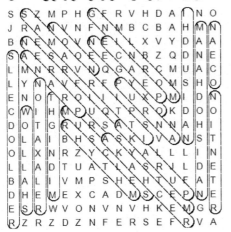

```
S S Z M P H G E R V H D A I N O
J R A N V N F N M B C B A H M N
B N E M O V N E I X V Y D A A A
S A E S A Q E E C N B Z Q D N E
L M N R R V N Q G A R C M U A C
L Y N A V E R E P Y E Q M S H O
E N O T R O I I I U X P M I D N
C W I H M P U Q T P R O K D O O
D O T G R U R S A T S N N A H I
O L A I B H S A S K I V A N S T
O L X N R Z Y C K Y A L L I N
L L A D T U A T L A S R J L D E
B A L I V M P S H E H T U F A T
D H E M E X C A D M S C E P N E
E S R W V O N V N V H K E M G R
R Z R Z D Z N F E R S E F R V A
```

## 32. PRANAYAMA BREATHING 4

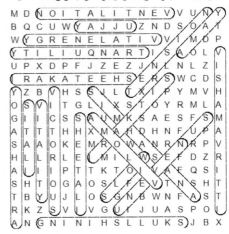

```
M D N O I T A L I T N E V V U N Y
B Q C U W Y A J J U Z N D S O A T
W Y G R E N E L A T I V V I M D P
Y T I L I U Q N A R T I S A O L V
U P X D P F J Z E Z J N L N L Z I
I R A K A T E E H S E R S W C D S
Y Z B V H S S L T X I P Y M V H
O S V I T G L I X S T O Y R M L A
G I I C S S A U M K S A E S F S M
A T T H H X M A H D H N F U P A
S A A O K E M R O W A N R N R P V
H L L R L E M I L W S E F D Z R
A U I I P T K T O I V A F Q S I
S H T O G A O S L F E V T N S H T
T B Y U J L O S G N B W N F A S T
R K Z S V V G U J J U A S P O U
A N G N I N I H S L L U K S J B X
```

## 33. PRANAYAMA - NADI SHODHANAM

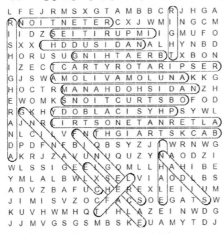

```
L F E J R M S X G T A M B B C R J H G A
R N O I T N E T E R C X J W M I N G C M
I I D Z S E I T I R U P M I I G M U F O
S X X H D D U S I D A N A L H Y N B D
H O R U S U G N I H T A E R B T X B O N
I Z E C T C A R T Y R O T A R I P S E R
G J S W A M O L I V A M O L U N A K K G
H O C T R M A N A H D O H S I D A N Z H
E W O M K S N O I T C U R T S B O F O D
R G K H Y D O B L A C I S Y H P S Y W L
A J N R I R T S O N E T A N R E T L A
N L C I L V E N T H G I A R T S K C A B
D P D F N F B J S Z Y J J W R N W G
A K R J Z A V U N U Q U Z Y N A O D Z I
W L S S I G E I G O M L L H A H I B E
Y M L A L B W L X S E L V I A O D L B S
A D V Z B A F U C H E R E X L E I I U M
J I M I S V Z O C F A C S O E G A T S W
K U V H W M H Q T H L A Z E I N W D G
J J M V G S G S M B S K E U A M Y T D J
```

## 34. PRANAYAMA - UJJAY

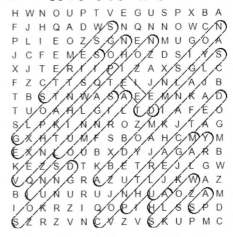

```
H W N O U P T V E G U S P X B A
F J H Q A D W S N Q N N O W C N
P L I E O Z S G N E N M U G O A
J C F E M E S O H O Z D S I Y S
X J T E R I P I Z A X S G L C
F Z C T T S Q T E J N L A J B
T B S T N W A S A E E M N K A D
T U O A H L G I L T O I A F E O
S L P K I N N R O Z M K J T A G
G X H T U M F S B O A H C M Y
E X N L O U B X D Y J A G A R B
K E Z S D T K B E T R E J L G W
V Q N N G R A Z U T L J K W A Z
B U N U R U J N H U A O Z A M
I O K R Z I Q O P I H L S S P D
S Z R Z V N C V Z V S K U P M C
```

## 35. PRANAYAMA BHASTRIKA

```
V M U E A T F V N D P F K D X K
S G M O L K M U I G P W O W D Z
W W N H K A U O X G N N Z Y X U
A P Q Q A A T N R A O Q G C A A
A W E L B F P E D N Z R R X Y U
W K A L L R A A N A I O T T O
S V I K V E E S L T L N U U S D
X A Z R E I B A T A E I G M S P
H X C E T N C H T P B N N Q P E
D C F R X S Q F Q H E H E L Q H
M J A V U K A G L M I G A R L T
O X Q M X M I H O O D N C T G Y
M T P A O J A D B H O P G G I Y
K J B Y V T B D E H R I N K K
E L X R N A S A V I G R R I B B
G L W B Q X T L T D Z W F M Y L
```

## 36. PRANAYAMA - KHABALABATI

```
G Q O N O I T A C I F I R U P V
R T I W G Z G N I Z I G R E N E
Z R G W K T A M A R K A T A V C
A M A R K T U Y V C X H N Z P T
Y O K L E V I T A T I D E M R O
Q S S S N O I T C A R T N O C G
K N O I T A N I M U L L I C Y E
R L Q G M N M S E S U N I S S V
Q D X L V O A A E V I S S A P K
Y L L U K S F E R R G B V W D I
X E R J H Z A L L K H U Y L M R
G N W X H K N A V C T A F T M O
E N O I T A L A H X E B C H O
C N O I T A L A H N I T E C U I
N R D A M R A K T A H S M H D B
P Z M O G N I N I H S L T E S X
```

# SOLUTIONS

## 37. PRANAYAMA - SHEETALI

```
M S L T H F O T S Q E R Y T G J
X E Y P C A C E D N A B Y F A V
S S S V U W M A L D O M U L N Q
K M H O X W F L T L N I A T Z C
T P A D N D R W A E O N T Z O H
H H E W N U H G W C D R S O R B
E G L K I W Q O H L G L E M S
Q U D I M N M M A E I L E H E
W J G O L M Y R P V N A O E A Y
Q W U N B F A S F G X N E I Q C
V T C F O B L I B I T T F U O T
H I R J A T G R N E A B O O X B
J R R N C H E G E L D H L M I J
Q B D D T A A T C M U I Z X S C
P H U L T G H W Z J N C A V P O
A G R H Z P Y F P G S B E N T P
```

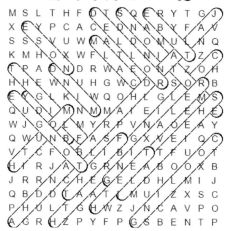

## 38. PRANAYAMA - SHEETAKARI

```
A Y E O G R X Q Z K S C Q F C H
K H I K M Q U N K P L D K F I Q
U T D U O S B A N N Y H R S L T
I K X N H D M V O E E Z S K E H
A X C E A A S J C T K E S G
N H E L D B E P H L N A T A E Q
I T I E L A A A U G A H L S D X
E P V W Q E R R B O P S H A U R
S L B Y M I V R A Q Q E J G P O
O B W F M S E O B H E N H H Q M
T U C U H A P Z L T D W V W N C
E G D E T M Q Q A F A N S F P U
U R E L J K V K J T O O A F J E
A T U C A J A X O Z U D D L Z Z
P L Y R P R V U W N D K O H A Q
G P L A L I R M D W C Y L G I J
```

## 39. PRANAYAMA - BHRAMARI

```
Z Y W N Q M F T N B T Y O A T D
P S L T X I H O O L L K L B J A
E M U C P U I V B B K G P S R P
E L L K M T V H X G N S N M N K
F A G B A S R Y N I N M E L C P
C E S R W A G I M D M T K X C S
E D B T M H M L C I S E D Z L A
O I N A E M A I W Y N T H I U W
V W R A U C H W S E N X R D F P
C L T H M E Z S Y P F T P I H J
M V L I A H U E I M S E N Y X O
V O L O E O B N W O A G E O G G
R C Y E V R D I N C E S E Q O A
O H B R O E Z D E R O A A W M E
O U E W X T F B S L R N L Q E M
V N S W Y I B Z C S L G A V F I
```

## 40. NADIS

```
W P E D I S T F E L Y Q Q Z O F
O U O N M U L O C L A N I P S Q
T C A R T Y R O T A R I P S E R
Z L I R T S O N Z I K K S P X U
X N E T C C E M N F M A D I J J
T Z J M F U I A C N G N N U P C
J N Z I G N R K O W E P R T G G
X J L E A T I I A R I I O O V C
Z B L M I N T N V N G N E X Z N
Q Y H H A A M E G H W E Y N A R
H R C N T U S A T O C X C D K O
P C J H V L S R F U Q I P C N
B I D S Z A I C A B G S N K K U
V E U N Q D F Q Z S I G Y G P Z
M S V L E A Y H D N A S J U Z L
A X F L E N N A H C Y G R E N E
```

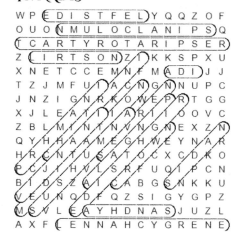

## 41. MUDRAS

```
B M V T C F D P O S T U R A L A
K E I A U H A S T A A T X M M J
G T P S O N F K D R D S U U H H
S S A H E D F A L S H S Z D K C
K Y R W X U E Z N D A U T D C V
M S I I S H T M N K R B W C E R
L C T N T U Q A X H A T E M G V
P I A U N Y H X F J A L L X E J
E T K K H E C H A R I E V N S B
R E A C H I N H V R T B E O T F
I G R W N Q Z G H O N O G I U U
N R A B A Y U H Y G I D U T R E
E E N D L Z O M O A G Y M I E W
A N U M L V J G K C N G A S N Y
L E F W M U D R A S G A N O Z Y
A X H G E V K A Y A E P A P T Q
```

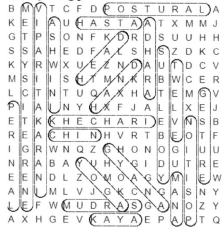

## 42. ASHWINI MUDRA

```
Z M Z Q N O I T A T I D E M Z B
O G N Q Z S Y E C G W T K A V U
S S G P E A N A S A U P O J V W
E P J L I R A Y M T R I B D C U
L V I K J R W S I O R T T A C E
C P X S X L A N A C L A N A F S
S A N E K A W A L S T J X O G N
U E S R O H R H E I K A B Z C A
M R S X K E K X A L E R Y R Q E
S M R E T C N I H P S L A N A L
U I X A R K A H C L A R C A S C
E M G A R H P A I D C I V L E P
T Q N O I T A P I T S N O C I O
U D F A R D U M I N I W H S A O
L N U Y A V A N A P A H Q L I L
G Y E S K S K Y O P U I K Z I T
```

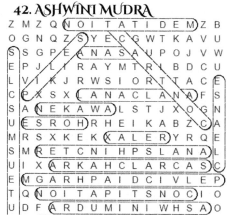

# SOLUTIONS

## 43 BANDHAS

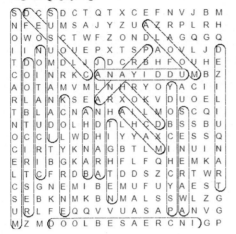

## 44. JALANDHARA BANDHA

## 45. MOOLA BANHDA

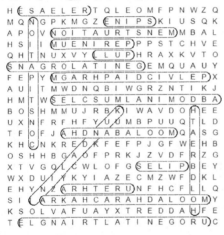

## 46. UDDIYANA BANDHA

## 47. ACRO YOGA

## 48. AERIAL YOGA

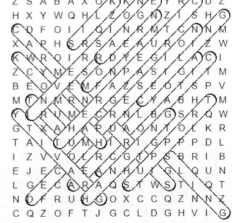

# SOLUTIONS

## 49. BIKRAM YOGA

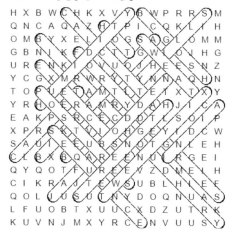

```
H X B W C H K X V Y B W P R R S M
Q N C A Q A Z H T P I C Q K L I
O M B Y X E L I O G S A G L O M M
G B N I K F D C T T G W I O I H G
U R E N I I O V U O J H E E S N Z
Y C G X M R W R T T Y A J A Q H N
T O P U E T A M T L T E T X T X Y
Y R H O E R A M R Y D A H J I C A
E A K P S R C E C D D T L S O I P
X P R S K T A I O H G E Y I D C W
S A U I E E U B S N O T G N L E H
C L B X B Q A R E E N U L R G E I
Q Y Q O T F U R E E V Z D M E I H
C I K R A J T E W S U B L H I E F
Q O L U U S U T N Y D O Q N U A S
L F U O B T X U U C X D Z U T R K
K U V N J M X Y R C E N V U U S Y
```

## 50. FORREST YOGA

```
D N E T A R E B I L E D H Z O K
T D T N D Z L S H T G N E R T S
F D A S A Y N I V F X N T C M N
O U E R V P K E X W Z K L E A C
B M X W O R B T I R I P S C J R
G I Q B Y T I R G E T N I I U B
Q Z S S F K R O W E R O C J S X
O I J E G P O O H W O B N I A R
D M H T R Y E V M H F Q Y X S C
I D I T C R O B A N I M A T S X
T M L V S I O D E C A P W O L S
O J N F K Y P F B X E P A Y H L
G V N W A S E S O P G N O L A V
M M O O R D E T A E H H J T F O
G R B P A M A Y A N A R P N G N
J D D H T A E R B S V C S M U M
```

## 51. IYENGA YOGA

```
Z E P K R B L A N K E T S S I Q
V U Q K P S S E D P E B N T I I
J C J W Y P A C X R L G M R M X
D Y J P C P I N Y E D N U I N
E E D Q D X J S X C E A Y C N I
T H B H X V E T C I R B E T G N
A U B Q I Q V A Q S L K N U S J
I D L Q T O H L T I Y S G R E U
L I O A A Q D I W O P I A A Q R
D M C A O B G G L N F Y R L U Y
Y E K P X E P N D B W E Y Z E O
B N S E W L U M Z Y A N O W N C
W U E J C T N E W E I G G R C H
X H F R U S E N V Q M A A R E K
K I A Y N O X T P S P R O P S S
W N E Q E L I G H T O N Y O G A
```

## 52. KRIPALU YOGA

```
B D K R X Z U K G R C E Y M H T R W
S E F E N Q O E B C R F U A V R O P
R K H Y I U N F V L S O I S E J Y K
P A M R I T D E S A I Q M S I N T K
H K T R L N I P G U A O A Z O R R
Y P G E A M A Y A N A R P C X M A I
S T O X Z M X S V C C E P T H C C N P
I I X S T V D J J B F Y T U D O S A
C M E D I T A T I O N V L S A M F L
A A F Z B L D O U O C B X E I P O U
L X Y K N Z A V J E K W M T L A R Y
H W F Q M H K H D Q I O S T Y S M Z
E J H R A N O I P S X G K S L S A Y
A N F T A D A P T A B L E X I I T X
L M H G S P I R I T U A L P F O I I
I A M C O Y X H E U X H O J E N O S
N O Q T E V P C G U B P U S Z E N K
G G D B Z J N G B E G I N N E R T T
```

## 53. POWER YOGA

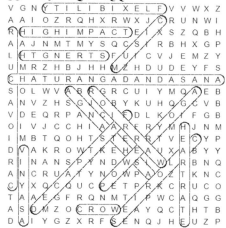

```
V G N Y T I L I B I X E L F V V W X Z
A A I O Z R Q H X R W X J C R U N W I
R H I G H I M P A C T E I X S Z Q B H
A A J N M T M Y S Q C S T R B H X G P
L H T G N E R T S F U I C V J E M Z Y
U M R Z H B J H H M Z H D U D E Y F S
C H A T U R A N G A D A N D A S A N A
S O L W V A R G R C U I Y M Q A E B
A N V Z H S G J O B Y K U H G C V B
V D E Q R P A N C I F D L K O I F G B
O I V J C C H I A A R F R Y M H J N M
I M B T Q O H T S T E R R T V E C Y P
D V A K R O W T K E H E A U X A B Y Y
R I N A N S P Y N D W S W L R B N Q
A N C R U A T Y N O W P A O Z T K N C
C Y X Q C Q U C P E T P R K C R U C O
T A A E G F R Q N M T I P W C A Q G G
A S D M Z O C R O W E A Y Q C T H T B
D A I Y G Z X R F S E N Q J H E U Z P
```

## 54. RESTORATIVE YOGA

```
I S B N S S E N L L I T S B M O
B U U M E T S Y S S U O V R E N
C A L M N E S S F X C H R A I E
Q P E U Q I I T E V Y E B D Y U
Q G H O S F G E F N L J X D W H
N O U R I S H B O A I G O G J Z
F P D F L A R M X J T B U X R M
Y A D Y P N R O V B A K G H X I
G Z M X L A C M Y R E S T F U L
E M B W H O I A V N J I R L Y H
Y W O L S N K R T V D D P T Z E
C J C T O I Z F H E A L I N G K
C I T U E P A R E H T Z V Q X T
C I T E H T A P M Y S A R A P Y
N E M O T I O N A L Z O Q C O W
Z A I P E V I T A R O T S E R U
```

# SOLUTIONS

## 55. SIVANANDA YOGA

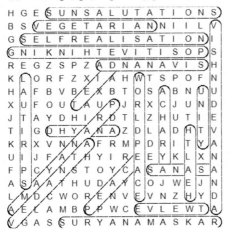

```
H G E S U N S A L U T A T I O N S
B S V E G E T A R I A N N I I L V
G S E L F R E A L I S A T I O N I
G N I K N I H T E V I T I S O P S
R E G Z S P Z A D N A N A V I S H
K L O R F Z X I A H W T S P O F N
H A F B V B E X B T O S A B N U I
X U F O U T A U P J R X C J U N D
J T A Y D H I R D T L Z H U T I E
T I G O H Y A N A Z D L A D H T V
K R X V N N A F R M P D R I T Y A
U I J F A T H Y I R E E Y K L X N
F P C Y N S T O Y C A S A N A S A
A S A A T H U D A Y C O J W E J N
L M D C W O R E N V E V N Z H Y D
A E L A M B P P W C E V L E W T A
V G A S S U R Y A N A M A S K A R
```

## 56. SWARA YOGA

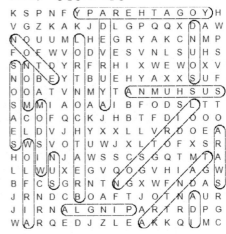

```
K S P N F Y P A R E H T A G O Y H
V G Z K A K J D L G P Q Q X D A W
N O U U M L H E G R Y A K C N M P
F O F W V O D V E S V N L S U H S
S N T D Y R F R H I X W E W O X V
N O B E Y T B U E H Y A X X S U F
O O A T V N M Y T A N M U H S U S
S M M I A O A A I B F O D S L T T
A C O F Q C K J H B T F D I O O O
E L D V J H Y X X L L V R D O E A
S W S V O T U W J X L T O F X S R
H O I N J A W S S C S G Q T M T A
L L W U X E G V Q O G V H I A G W
B F C S G R N T N G X W F N D A S
J R N D C B O A F T J O T N A U R
J I R N A L G N I P A R T R D P G
W A R Q E D J Z L E A K K Q U M C
```

## 57. YIN YOGA

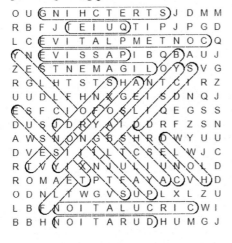

```
O U G N I H C T E R T S J D M M
R B F J T E I U Q T I P J P G D
L C E V I T A L P M E T N O C Q
Y N E V I S S A P I B Q B A U J
Z E S T N E M A G I L O Y S V G
R G L H T S T S H A N T C I R Z
U U D L F H N X G E I S D N Q J
E S F C I O F O S L I Q E G S S
D U S D R Y A I O D R F Z S N
A W S N O N G B S H R O W Y U U
D V E S I L T C S E L W J C
R T V Y X N J U L I U N O L D
R O M A E T P T E A Y A C V H D
O D N L T W G V S U P L X L Z U
L B F N O I T A L U C R I C W I
B B H N O I T A R U D H U M G J
```

## 58. TYPES OF ASANAS

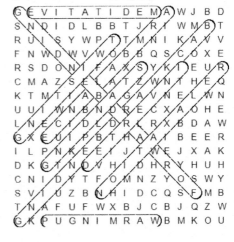

```
G E V I T A T I D E M A W J B D
S N D I D L B B T J R I W M B T
R U I S Y W P T T M N I K A V V
F N W D W V W O B B Q S C O X E
R S D O N F A X S Y K I E U R
C M A Z S E L A T Z W N T H E Q
K T M T A B A G A V N E L W N
U U I W N B N D R E C X A O H E
L N E C I D L D R L R X B D A W
G X E U I P B T H A A I B E E R
I L P N K E E I J T W E J X A K
D K G T N D V H I D H R Y H U H
C N I D Y T F O M N Z Y O S W Y
S V I U Z B N H I D C Q S F M B
T N A F U F W X B J C B J Q Z W
G K P U G N I M R A W B M K O U
```

## 59. WARMING UP ASANA BENEFITS

```
Z C H X G L L S G I L T M Y H C Z
I D J Y W N K C O B I C E Y D S S
L E V O H O W V N Q M E T N B N E
O E O U S I J S D S G N S C M O Q
O P T H N T D F N U J E Y N R I U
S B C H E A F X I R A S O O T E
E R F O H L E N M Y Y G Y I I A N
N E E X T U S B E A R I R T H T C
U A N O G C O X H N U S O A C U E
P T O K N R P R T A S I T T T L Q
Q H T M E I E A S M G N A U E A U
D I D A R C N K U A J G R L R S O
Y N V J T D C S C S Q A I A T N P
E G Q U S O H A O K O H P S S U T
X H M K H O E M F A K M S A E S O
P I Q M T L S A C R W Y E D E N G
H S V W H B T N H N L U R J D X S
```

## 60. WARMING UP ASANAS 1

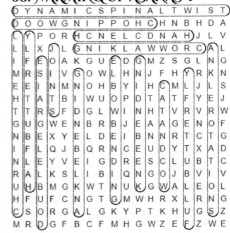

```
D Y N A M I C S P I N A L T W I S T
O O W G N I P P O H C H N B H D A
L Y P O R H C N E L C D N A H J L V
L X J L G N I K L A W W O R C A L
I F E O A K G U E D G M Z S G L N
M R S I V G O W L H N J F H Y R K N
E E I N M N O H B Y I H C M L J L S
H T A T B I W U O P D T A T F Y E J
T T R S F D G L W I N H T V R V R W
G U G W E N B R B J E A A G E N O F
N B E X Y E L D E I B N N R T C T G
I F L Q J B Q R N C E U D Y T X A D
N L E Y V E I G D R E S C L U B T C
R A L K S L I B I Q N G O J B V I V
U H B M G K W T N U K G W A L E O L
H F U F C N G T G M W H R X L R N G
C S O R G A L G K Y P T K H U G S Z
M R D G F B C F M H G W Z E F Z W E
```

# SOLUTIONS

## 61. WARMING UP ASANAS 2

```
R T A O B E H T G N I W O R O E W U
C U P O T E L B A T B D O Y S I R L
L O H W D M U K T A F M U Q P S I R
T O E B E N D I N G J L K I A N S R
V J N B T U X V P N J N A G W O T I
L X M Q Y F Z A T K L F A M A I J V
J S L Q I F L Q P R N T R I N T O U
S L N S P M Y T K E V I T R M A I I
L E G R O T A T I O N O W I U T N U
E Q B J A L E G C R A D L E K O T Y
S A G X Z N K M I S Z R Z R T R R I
X I K Y B L A M W R Z G C R A K O R
X D D R C P Z R P G B U A R S C T N
Q T Z J X O L L P U R A X L A E A V
I H G N I D N E B T S I R W N N T Q
W T C L O W A X C I H C I E A B I U
Z E S I A R G E L E L G N I S G O Y
Z S H O U L D E R R O T A T I O N S
```

## 62. MEDATATIVE ASANAS 1

```
S L E S O P F F A T S R U G T P
B E T L O B R E D N U H T G O O
A W W E E L G N A T H G U A C B
D X B K B F X P N J W K B W I F
X K A N A S A J R A V O H A H
B C J T X A Z E A C U P Q N Z X
P W Q G T F T K T N Q H Y I R P
O O E T B V R Q D E F Y K N G G
U J I H H A N A S A H K U M O G
O A N A S A M D A P A D R A
B S U T O L F L A H G C I S Q D
A N A S A N O K A H D D A B Q B
E C A F W O C Q N K N B L U Y C
Y F A N A S A D N A D M B V U F
D M V Y A N A S A T A V R A P P
A N I A T N U O M G N I T T I S
```

## 63. MEDATATIVE ASANAS 2

```
N C K O R E H S D Y O P E S L X
P O A N S A H K U S Q Z O I P B
W L I V A C N G H R Z H Q L Y
M H T N R Z C A B L C N C N W L
Y G C F U Q Z A S Q J K Q B U W
W D B D Q C X D N A F G P V Z Z
M O Q U J H I E R A M H A O U R
R Y V O B R S H X C S D F X J Z
M Q S T F S R G C F Q A A N B T
P G U A P F O D M Y I Y R P G H
R E X D E C W G Q G S V X I Q L
L S U T O L O I I O A P E U V
M L Y H D E H S I L P M O C C A
X A N A S A H M I S Q T X Q N K
L A N A S A H D D I S O O T D D
U H L M A R D U M A G O Y U J D
```

## 64. STANDING ASANAS 1

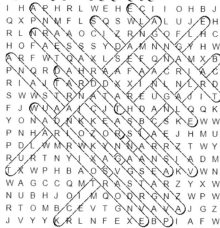

```
Q E I A I S V P O W E R F U L I D T
O T U N D E G U B S B Y P I R M A P
T E Q A D L C T B X O A U F N D M D
M L I S M Y V R N V D C Y T A J Z R
E A N A S A D U R A G W E S U E O P
E B S S X B U R H X N E A O K A G O
O P M K A F N A J I F N C B R V A N
S T J R S S S Z A O A B Y H W Z K T
K L D V D T U T T E V K B R A V L C
R V P Q A U N S O M E G R K I I B H
E W L S Z U D I S O E R T P T K R Q
G T A K O N Y V X I E H T B X K L D
H N M M A D B A D C L W Q B Z C J C
A W X H X F V F E I G T W S O K S A
U T T A N A S A N A A C Y A N E K B
B S P Q I U P R L W E M U L K D R O
O N E B D R A W R O F E S N E T N I
G A N A S A T A K T U Y Z T H I L S
```

## 65. STANDING ASANAS 2

```
I H A P H R L W E H E C I I O H B J
Q X P N M F L S Q S W L A L U J E H
R L N R A A O C I Z R N G O F L H C
H O F A E S S Y D A M N N G Y H W
A R F W T Q A X L S E E Q N A M X B
P N Q R D A H R A A F A A C R I A C
R I A I T A R D D X X I N L N L R D
S W W S T R N A T A R E U G A J I T
F J W U A A C J T H D A N L Q Q K
Y O N A D N K K E A S B C S K E W W
P N H A R I O Z O R S I A E J H M U
P D L W M R W K Y N N A R R Z T W Y
R U R T N Y I X A G A A N S I A D M
T X W P H B A X A G Y X W A L M I O
W A G C C Q M T R A S T A R Z Y X W
N U B H J O I M Q O D R Q N Z W P W
R T O M B C E V T G N Y A V A J G Z
J V Y Y K R L N F E X E B P I A F W
```

## 66. STANDING ASANAS 3

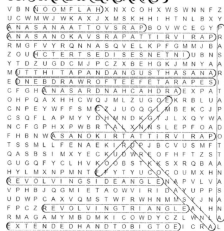

```
V B N N O O M F L A H X N X C O H X W S W N N F Z
U C W M W J W K A X J A S K H H I H T N L B X Y
A N A S A N A A T T O V S R A P B O V W C E G Y P
A N A S A N O K A V S R A P A T T I R V I R A P
R M G F V Y Q R N N A S Q V E L K P F G M M J B A
Z O U H C T E R T S E D I S E S N E T N I U B N S
Y T D C J Q D C M J P C Z X B E H G K J M N Y A A
M U T T H I T A P A N D A N G U S T H A S A N A R
E D N E B D R A W R O F T E E F E T A R A P E S I
C F G H A N A S A R D N A H C A H D R A X A C V B
O H P Q A X H H C W Q J M L Z U G O E K R B L U A
C N P E Y W F F S M C Z J U O Q G L M B E K C J P
C S Q F L A P M Y Y D H M D K G T J L X C W A N A
N C F G P H X P W B R T A L X N N S L E P F O A D
F H B N W A S A N O K I R T A T T I R V I R A P
T S S M L L E F E N A K E I R O P J B C V U S M F T
Q A S B S I M X Y E C K U D W R E O F H F T Z S T
G U G Q F Y C L H V K O O B S T K K S X R Q B A A
H Y L M X N M X M T E F Y T Y U C O U M X H N
R E V O L V I N G S I D E A N G L E N A P V L V A
V P H B J Q G M I E T A O W V I R I D A Y U P P S
U D W P C A X V Q M S T W F R W H N M M S Y J N A
F P C Z R E V O L V I N G T R I A N G L E A I H N
R M A G A M Y M B D M K I C O W D Y C Z L W N A
E X T E N D E D H A N D T O B I G T O E I C R A L
```

# SOLUTIONS

## 67. FORWARD BENDING ASANAS

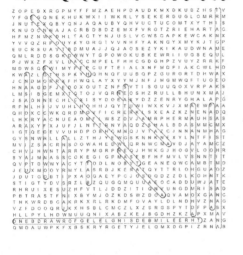

## 68. BACKWARD BENDING ASANAS

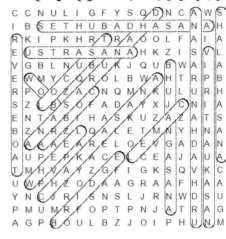

## 69. BACKWARD BENDING ASANAS

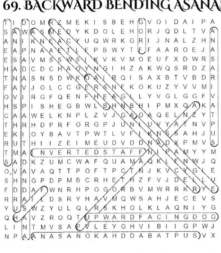

## 70. TWISTING ASANAS I

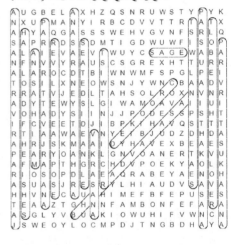

## 71. INVERTED ASANAS I

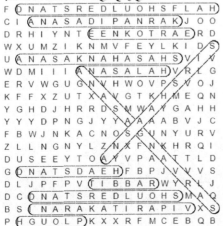

## 72. ARM BALANCE ASANAS

# SOLUTIONS

## 73. ARM BALANCE ASANAS 2

```
Z X D O O P B E H V F X S M Y J O Y Y J Y X A U
C Q V F B V E D B E R V S T X K A N K W A N M F
S B C O T X N S P D F R U B C B Y T K A A F F R
E N C A S A A Y R N K N N Y L O K O S S Q I X M
A X M E L X S V J O R U A W R H O E A Z B V T A
Y B T R T S E V Q N H R K E A T S N K T Q B N X
C Z A E P M Q N R H E L A F Q O Q U O Z A L H
U G A C N C H R R U G A E R G K N X D B S Z W O
J P D F M D O M N L C N E A A Y D L H A I H X A
X X X V V G E N A S O C C T C M R A H T Z W E
P N N Q U F V D G L L H S A U G N T O V E Z Y R
M T H Y Z N V N S I K J I R A S M Z E V L E R
K M H C R Z I K N E V V M S U A R N G I S Z H
D C W Q N H A I A A N W A G E M T H V W Y U K
E U N R G O N U P X T L N A A N H A L X C A Z
A W S I J H U B W L S I N R Q G W N R Q Q H P
D C E N F A T T J G D A N I Z A Q A T I M T L
T W H O Z T G L C N A N C X G Y B E V Z G G J W
A W E T I A M U A P R D I A A I L W S E Z G B
B X I H Q A E L A A A P E N D X E J B T G D S M
S T T Y Z P O T W X K U S R B I A P Y F I B F Z
S T S A W E D Q O G Z A Z O F S A S N H C Y S T
U C T G I U O V C H N L W K E Y T U Z T B I B Q
Y K G M S I I I C A R C K I L X Y M R I U M Y N
```

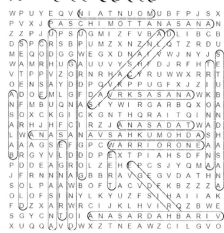

## 74. BEGINNER ASANAS

```
W P U Y E Q V N I A T N U O M U B F P J S X
P V X J P A S C H I M O T T A N A S A N A N
Z Z P J U P S U G M I Z F V B A D L I B C B
D S P C R S B P U M Z X N Z N L Q T Z R D U
M E Q O D G G W E G X D N A T V W J N Y J S
W A M R H U G A U U V Y S H F D J R F H T E
V T P P V Z O R N R H A E Y R U W W X R R T
O E N S A Y D D D P Q V K P P U G F X J Z I U
A D O E M L G F D A V R K S A S A N A W K B
N F M B U Q N A S I Y W I R G A R B Q X O A
S O X C K G I C K G N T H Q R A I T Q I N N
A R H J H F C I R Z J A N A S A D A T W A D
L W A N A S A N A V S A H K U M O H D A S H
A A A G S E F G P C W A R R I O R O N E A A
B R G Y V L D D D P E X T P I A H S D F N S
P D D E A G R O L Z E H E P C S J Y Q M A A
J F R N N N A G B B R A V G E G V D A T H N
S O L P A A W B O F U A C V D F K B Z Z Z A
O L O F S I N Y L K Y U Z F S I H A I I A K
F D Z X A W R C I J K L H V I R Q Z B W E
S G Y C N T O I A N A S A R D A H B A R I V
X U Q Q A V D W X Z T N E A W Z C I L G V O
```

## 75. ADVANCED ASANAS

```
Q V K F W O B R O O L F D E T S I W T B X A
A V A C A J T K J W U O D D U D H M N S N L
N A N T A L O U A S K W R J R A Q B I A Y N
A B A O N B O S L N D N C B N M D N S S W E
S D S U A A W P N A W U E N V A L T O L
A N A J S D A U H L Z S M X A S V Z F E R G
T A R M A V H E L H I A A T B A Y J H B C N
O T U I R M R O H L N T S K C G Z A P D
P S Y W U V W M A A D D P A I T W K N M E T
A D A U N S N W S U N H G O M H A F U C G H
K N M W A H A A X A A M O S S C S T O G G
A A A Z H P N V H I D H U R A E L S G U E I
J H H I D A E N A R O A N A B W C R X L E
A N C K Q I T N P J L N A V E C S O V E K
R O N U F B B A D C I I E A R E R R I L N S
A I I N C E K Z Y X K P V H L C L O U
D P P T Q E F B M O G I X U U P S O P D B
A R E X S Z S Y U O L X U M F Y S A F W K G
A C U G A N A S A K A B A D A P A K E O
K S J R V L U A N O E G I P G N I Y L F N
E K N O E G I P G N I K D E G G E L E N O A
```

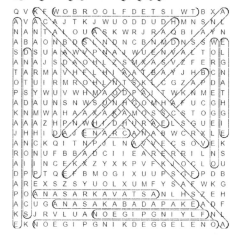

## 76. ROOT CHAKRA

```
E C R U O S P X S S J X F W R M Z D
Q S T C N I T S N I L A V I V R U S
S M Z W B P H T R A E N I P S T T B
H Y T I R U C E S S Z Q M A F L V A
U L F E C N E S E R P C I M A N Y D
Y T I T N E D I L A C I S Y H P X Z
N O I T C E N N O C M D N H W R O Q
B K N O I T A D N U O F V T W G P U
P G F Y I N P A R A H D A L O O M Z
S S L F T Q T G Q G Z J E A N P A J
Y B X C N I Q O Q P N V Q E T P Q F
T O C R H A R U O K C I R H A H Z C
B Q J R P L R E E R I G D A Z I D X
V L B Q L F V C P V I A P N N Z F B
F Q O N E H C A F S N P F V U R H R
R M H F Z Q O X G O O N I P V O D F
C F V I T P T O J A L R X Q P G R E
A N O I T A V R E S E R P F L E S G
```

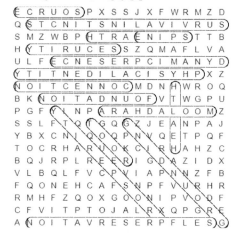

## 77. SACRAL CHAKRA

```
N O I T A C I F I T A R G F L E S X
K C A B R E W O L R K I X C Y Z I E
D O B M D I U P N L P E Z I C Q M S
O M K B V V Q S I O G V A V S O E Y
V Q T H M I C A E N S R N N T X E S
M Y K U H I E H A W C A A I U V E B
W W M B C R E H A A S G O A A N K F
M Q H J I Z C D S R N L B S U D C
R Z P S K T H Z F O A F D A O X L V
L Z E G P I U F L L U O T A W Z U E
G O F E S K L A I L M I D K P Y C A
N E C T O U U D F E O L V M F A E I
V C A M I X E I N N L W G N R F S W
A N Z D E N L G G V H M Z G E O X S
A N I S T M P A G N I L E E F L Z S
J T T I E Y T I L A U X E S A A Z U
Y B T N M E K N X Z S E K N Q S U R
X Y T C L R X H M V F L R E T A W A
```

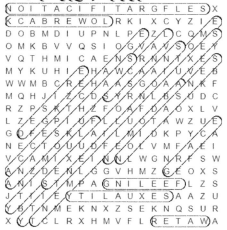

## 78. SOLAR PLEXUS CHAKRA

```
L G A R U P I N A M M S A O K M H P
U Y N O N O I T I N I F E D F L E S
F A G O C T N F J P N R H H N T Y D
W E D W T S E H O J P T Q Z Z Z E O
Q I F Z U M V M V M W B P I E A B
Y O F N L M E M Y E E V M R Q D T
B T F V L R O U T T R T M G U O F Z
W L L I W N I A B I E H I A X C Z C
H K E G O L B A E O E I N T D N T M
P E F T H O A K B P V U X U N B B G
D D U M L X J R B L Q P Z N V E I
H A H K S G K T W B T X S A X D M
M Q S S E N E V I T C E F F E J E I
K M K B Y G R E N E G O B J L D
O S U X E L P R A L O S Q H E Q Y U
Y T I E N A T N O P S H O W K C V Q
N H S I F L E S H B S A E R T O Z Z
F V Z R W G G E O E Z P I L M G T
```

# SOLUTIONS

## 79. HEART CHAKRA

```
O W W W K D H E S E L D D I M K Y F
Z A K O H G H I E Z Z H W T W P Q
K C U R T S N U I R T V K A T E M D
I Q F X S Y C T B D T N D A U C M
G N E K V E M L E D H A S C Z D Z T
V P J V Z F S V S G H T E O J J O J
G Y V N O T Y U B A R C D L P R O A
S F J F T L S E T H L A U T X P C G
X M E A G U G A M H T G T F E R O
L Y K R S C M K T R A E H E D Q W E
Y M S S E N D E R E T N E C B T V V
O E P Y F I T N E D I L A I C O S Z
K I R I A S S E N H S I F L E S T U
L I A M K C A L B L A N O I T O M E
F X P Z N E T A E B N U N N N O Z W
E C N A T P E C C A   F L E S J G J
D K C B K K P H A H C U O T G Z K J
Q N D M N B X Y N O I S S A P M O C
```

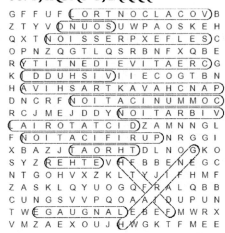

## 80. THROAT CHAKRA

```
G F F U F L O R T N O C A L A C O V B
Z T Y V D N U O S U W P A O S K E H
Q X T N O I S S E R P X E F L E S C
O P N Z Q G T L Q S O R F K X Q B E
R Y T I T N E D I E V I T A E R C G
K D D U H S I V I I E C O G T B N
H A V I H S A R T K A V A H C N A P
D N C R F N O I T A C I N U M M O C
R C J M E J D D Y N O I T A R B I V
L A I R O T A C I D Z A M N N G L
F N O I T A C I F I R U P N R G G I
X B A Z J T A O R H T D L N O G K O
S Y Z R E H T E V F B B E N E G C
N T G O H V X Z K L T Y J F H M F
Z A S K L Q Y U O G Q F R A L Q B B
C U N G S V V P Q O A A D U P U N
T W E G A U G N A L E B E F M W R X
V M Z A E X O U J H W G K T F M E E
```

## 81. THIRD EYE CHAKRA

```
V P V C X S I H D D I S E P D T E A
S Y J L B W N S P I R A T I O N R
E D M J R D S S E E C L E A R L Y C
I B N G E Q B B I F A H G X M H X H
T I Y M Y X Q H J V C N P C N N
I T F I C T C O Y H E C O I V O T
L O E R D O P O F E V K E G M F I Y
I U L F W I N A C T I O N H A O T P
B I G P I C T U R E T M F T G R C A
A H C X U S F I J Q I W K K I C E L
C B D S S N X A W J U O I A N D L I
I I I W S Q T N B B T N P W A X F D
H P F U W I X U T R N K U S T V E E
C H T X I S S K C O U D A E I Q R N
Y E Y E D R I H T W A R N E O L F T
S J I Y C U L K I Q T X J I N X L I
P I N E G C M S M I N D A N A R E T
Z O O F I Q Y U O Z S V P G F O S Y
```

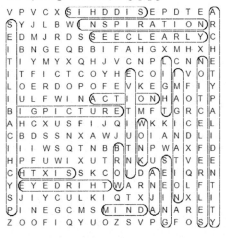

## 82. CROWN CHAKRA

```
P V E H E O Y S E V E N A B B B D Z R V G
J S B V V P U R E A W A R E N E S S B V
G S T E P F B S G Y V X Y I B T R V U
E O J B W D Z D X W Q J P S S I L B U P
S E L F K N O W L E D G E L N A Y T Z J
Y T I T N E D I L A S R E V I N U V E D
G N I D N A T S R E D N U S Y H B Q H E
A G Q S E C N E I R E P X E J S I L G Y
V K I L J D J C O N S C I O U S N E S S
W N T O L R O W R E T A E R G S B V V S
F Y D F R B G O M J I E X T H O U G H T
C V T H O U S A N D P E T A L S R M N A
N G N I W O N K L A V R J C U Y E D
N M Y K U Z E U E G O W O R V W C A Z
L U S B F O S U I H J G U O R S X D A A
K Y J X Y A N D G Y E Y W P Z P I V M K
K M G J P M S U O N K N V W Z L U W R C
P N W R O Y A Q Q J M R E G D E L W O N K
N O I T C E N N O C L A U T I R I P S J
R L O S A H A S R A R A G N T O T A I W
```

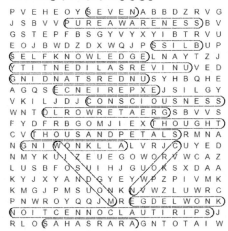

## 83. YOGI DIET

```
N Q R P O T A T O E S O U Q C T O S
N C E R E A L S I E V R S E E D S E
A Q Z Z A D K H S E R F L N H C K L
I U T F A T X Z E C T M J Z U K L B
R T U O C Z J I R R P I U J T E A
A J K L M H L F W V I P Q L I W S T
T P S E M U G E L E B C B H K Q P E
E O H I V J I T C J B Q E G K S P G
G T Q H C N E P X F Y S D U D J Q E
E W H O L E M E A L B R E A D H D V
V T Q C B Q C Y S T R U H G O Y D
M U Z J E Y E Z E K K T E C K Y J D
W Q F Z Y R A L N I C Q B N R A F E
V A C D G O U U O Y U T Y W D B J R
S Y T L T T F J H B U T T E R L I R
H I C M T K O A T G J W F W I W G E
F B P E S E A S O N A L B H J U T H
U K C V Q V P H L W I Z O H C U Z V
```

## 84. YOGI DIET - SATTVIC

```
F T O L F M M N X K E V E H A B E L
B Y Z V S Y L I L D N R N E Q C M O
M Y G I S N G T K H E P H A Y A O E
P T S G E K C U W E R C O L R L S U
A S F O N W C M E U G Q X T X M E O
X A A R S G J E B U Y S M H D D L U
K T F B U F Q G N K C W R G V H O J
H R Y D O V R A G A U J W K I S H L
S C I V I F Q W L M W K Y D T J W A
E K M M C B I A C U E J V O A R M I
R C N J S K S Y J F R O K B L G R T
B J N W U O N F U R H Q I U O N
T A W I O X T U G N E U T X P D A
L S P X C V Z K F J H Q F X Y P H T
J Z E M T U R R M X C I V T T A S
T H G I L Q R O A D W P Z T I V P B
T N O U R I S H M J U I C Y Q J J U
K T F D A D F X N A H E I U A C A S
```

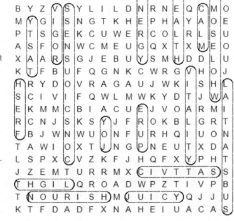

# SOLUTIONS

## 85. YOGI DIET - RAJASTIC

```
S T N A L U M I T S U U W D K J Z E
P E L B A L L O R T N O C N U M M T
L M Y I H U Q U R I W O Q I X Z J K
Z C N D Z R X U F P R C L U K C B
Q H W H I T M U Y J C Z L M Y O C H
M B L P F A L F O T N J G H F H N B
O B E Z S F P A E S O L S F O M A A
B C M L P A N A S S N A E C Y M S O
F M G R E T T I B O L E O X R K R Z
I F Y W E D H G X I N L U M A E K N
S T X J S P Z C N C A C I Q S T F D
D E I R F Y P E Z T I Q V T Q G I B
S W O O K U W F E L P T L L R S R G
N V Z Y N O U Z I R K E S L E I D W
O O J G R C H Y Z Z S W E A Z R R D
F N E M N D D K R S K E S B J C Y G
J N E O M Y Q J T S A E W M D A E R
T M R K O D I K P M V E G Y M L R M
```

## 86. YOGI DIET - TAMASIC

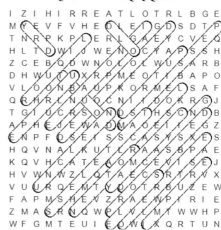

```
I Z I H I R R E A T L O T R L B G E
M Y E V F V H E O L E I G D S D T P
T N R P K P L E R L G A E Y C V E Q
H L T D W I J W E N O C Y A P S R B
Z C E B Q D W N O L O L W U S A R B
D H W U T U X R P M E O T I B A P O
V L O O N B A U P K O R M E L S A F
Q R H R L N U O C N I I D O K R G J
T G I U C R S O N O S T H S C N D B
A P H E J E W A D M A D E I I E G Z
E N P F O S E I S S C A S Y S X E S
H Q V N A L K U T L R A A S B P A E
K Q V H C A T E O M C E N I S E J
H V W N W Z L O T A E C S R T R V X
V U R Q E M T Y O O T R B U Z E W
F A P M S H E Y Z R A E W P I R I E
Z M A S R N Q W P L V L M T W W H P
W F G M T E U I E O W X Q R T U N
```

## 87. YOGA FESTIVALS AFRICA, EUROPE, ASIA

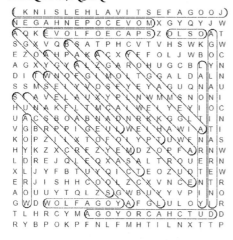

```
K N I S L E H L A V I T S E F A G O O J
N E G A H N E P O C E V O M X G Y Q Y J W
A Q K E V O L F O E C A P S Z O L S O A T
S G X V Q B S A T P H C V T V H S W K G W
E Z O A H P A K A C X Y E F O L J W B O C
A G X Y G Y A L Z G A R O H U G C B N Y N
D I T W N O E G L M O L T G G A L D A L N
S S M S E Y Y V O S E Y E Y A G U Q N A U
S C A V E L A U X Y P L N W M M S N O N I
H U N A K F L T M C A L W E L Y E Y I O
U A C S B O A B N A O N R K K G G L T I N
V G B R P I G E U L W E L H A W I A T I
K O P Z I L X T O F O I Y P T U W E N A S
H Y K Z X C R E Z Y E M D Z O F A R N N
L D R E J Q L E Q X A S A L T R Q U E R N
X L J Y F B T U Y Q I C T E O Z U D T E W
E R J I S H H C O Q L Z C X V N C E N T R
A O U U Y T Q L Z S G W B U Y Y V P I N O
G W D W O L F A G O Y A F G L U L O Y D
T L H R C Y M A G O Y O R C A H C T U D D
R Y B P O K P F N L F M H T I L N X T T P
```

## 88. YOGA FESTIVALS AMERICAS

```
G A G O Y S T A E B I T H S I R D B
X M Y L A F E G H A N U M A N V Y J
R Y Y K C C G L A G O Y A N O D E S
A G O Y E D I R U L L E T G D M K C
Q S E Y P N O I S I V N E C K B V
J S Z D A G O Y D N E B S Q V I X A
U O V F C V H C M T Z Z X K G B W U
T H A F T S E F I T K A H B Q L V I
E M A M M O T H Y O G A E V O G L Y
T J Q Q J D S W G K Q A J R N X I C
O V L I X H X I U R R I S N K N P
N W D I R T Y S O U T H Y O G A E C
D J Q Y A L P E N I H S E V O L U R
E P K R R O D O L A V I T S E F M O
M G A D X N Y E L L A V R E V I R Q
M I V R T K E T A C U V I V F T E R
Q T R N Q D O G E I D N A S D F U F
G J K R J O P U N Z A G A W K P X T
```

## 89. YOGA RETREAT DESTINATIONS

```
F G M I R S E F H K W P B E C Q
E E W U C L A F B W V O L I F A
Z X C W L O T Y H D O C O Y M T
M U A N U U S H A F W C V I R L
G O D B P O T T A L M E I J S
X O U I Y F H S A I A N T X T U
B D A Z C F S C E R L M Z K E B
H I Q I A B R Q Z D I A I Q O M
K S I T N U A H N H O C N H V Y
T E E T G R S L A Q L N A D N P
T Z M K A D O T I W A H A R J J
L N O B I I D F R N A Z T A G I
K Q W T G H Y L I A Z I C G Y Z
D R M V H J S A E L L Q I P S W
F B H A S T P I U U A I L F I C
C Y X F F S R B R E L C A L J I
```

## 90. INSTAGRAM HASHTAGS I

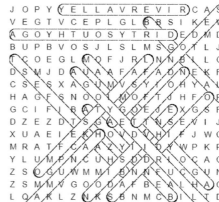

```
J O P Y Y E L L A V R E V I R C A S
V E G T V C E P L G L O B S I K E W
A G O Y H T U O S Y T R I D E D M D
B U P B V O S J L S L M S G O I L J
T C O E G L M Q F J R L N N B I L G
D S M J D A U A A F A F A D N E K F
C S E S X A G U M V S Y I O H Y A I
H A G F S N O O I M O F T J H F O R
G C I F I B A T Y G O E J E X G S F
D Z E Z D T S G A E I N S E V I J
X U A E I E K H O V D H I F J W C
M R A T F C A A Z Y J Y W P K R
Y L U M P N C U H S D O R I O C A C
Z S O G U W M M I B N N F U C G U N
Z S M M V G O O D A F B E A L H A C
L Q A K L Z N K S B N M C B I L T D
U N K Y A L P E N I H S E V O L E D
A G O Y S T A E B I T H S I R D H T
```

# SOLUTIONS

## 91. INSTAGRAM HASHTAGS 2

```
F I V E N U M H Z U A I N V M D N A
Y L L O R I Q A L Q L W T J N V O P
S A F F A E X D R K C P L Z L K I
N V D O W D H Z T G R I W E K C Q A
O O P N W Z Y W U I A K U D F K P
I P I O M Z C R Y D F G G Y W A I E
A H Q T L A W L E R K A O A E Z K F
Q Y Q E A I D E L V E O G Y G N C V
A M E E W R H Y F A E V E O X O G F
G K A N J O I N R I D A E T Y F Y O
C H W F R N L P U E L A G A H G R X
A P E U A U E F S F V R G O G Z T L
E L P V A G O Z A N A E O O Y O E W
V K J C Q Z O J V G I G A F Y G Y E
Q O G I W G H Y A L O A O G A X Z O
D K S H L V G X D G K Y G Y O G N C
D Z R X W O H A U Y O Q O O K Y O M
C I E H J D Z P T L R Y C Q Y U T Y
```

## 92. INSTAGRAM HASHTAGS 3

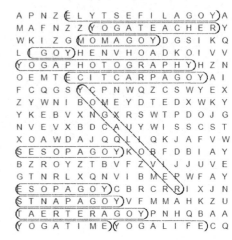

```
A P N Z E L Y T S E F I L A G O Y A
M A F N Z Z Y O G A T E A C H E R Y
W K I Z G M O M A G O Y D G S I K Q
L G O Y H E N V H O A D K O I V V
Y O G A P H O T O G R A P H Y H Z N
O E M T E C I T C A R P A G O Y A I
F C Q G S Y C P N W Q Z C S W Y E X
Z Y W N I B O M E Y D T E D X W K Y
Y K E B V X N G X R S W T P D O J G
N V E V X B D C A U Y W I S S C S T
X O A W D A J Q Q L I Q K J A F V W
S E S O P A G O Y K O B F D B I A Y
B Z R O Y Z T B V F Z V I J J U V E
G T N R L X Q N V I B M E P W F A Y
E S O P A G O Y C B R C R R I X J N
S T N A P A G O Y V F M M A H K Z U
T A E R T E R A G O Y P N H Q B A A
Y O G A T I M E Y O G A L I F E C Q
```

## 93. INSTAGRAM YOGA LOCATIONS

```
D U F J C E R F J J I D X J W J
S S I W K S K U M J X O L W Z O
L A G U T R O P T M X F D P K L
I O H Z S M D A N O T E P P L P
S L I V M N T S A Y A L A M I H
U F V Q L L A W N R O C V F R G
G A L A R E K Y L A T I Y G J T
P L Z A G L A B W B W C U Y D
M T S A O C I F L A M A A I M R
H Y P Z U U M O C C O R O M T X
A I S E N O D N I W H V V I M G
J F R O E V R A G L A A H M H P
P M X S R K A Z I B I A I D N I
W M V X F E P Z I N O B S I L G
P Z D R B E Y B F N Q O P X I I
F F A A J I X U J A J M X Q S M
```

## 94. INSTAGRAM INFLUENCERS

```
N I V L A G Y E L H S A V P L D
A P D G R A A Z A L E N A N A H
U H N E S L E I N A L Y A K L H
O A E W S P R A H G N I L R A C
Q J H R E L Y T N A G R O M E U
W L L W Q M F E T K Q Y W M X U
W Q T M X X Z N A N I T R A M R
L Z J W N S A S M O S M Y E A G
J C Y R O G E R G C A M O N I K
C K R N S E G D I R B L L E D A
K C D R E N R E W N A L Y D J Z
A P U G W A H A T A N I M A X U
K A Z R E P S A K A R U A L Z X
G P N O Y S P Y G H A N N A H R
M R D K N Y L E U Q C A J E Z Y
Q A N R E V I R R E K W K K J Z
```

## 95. INSTAGRAM INFLUENCERS - MALE

```
T K E Z I Y C P N X H W N Z B J S C
H V N U A D J A B O I L U J I L L E
I Y E L E L E A H C I M O E W Z C O
R V R E F O H N I V E K H T A W F J
O W J R O M I Z H J A L L T J Z I A
L V R E L S U H M A D A A E M R N C
A U H D W Y X W X T M M C N S E L O
N F A R A O N F X U C B Y I I N A B
D W U R S N R O Q H N T A S R R Y M
A K E O E K I T U X B M L E R E W A
Z J K R S D R E G P Y D C R O W I N
U Z D X A H M E L J U T N D M N L N
R L C M F S C I R H G O N W A S I
U D Y R P L N R C E A M S A E L O N
M A R O D F F A A A D M R E R Y N G
N Q F E Y S O R I M N K A D D D X T
Z Z I G O O T F F R E N C L N A Q E
U R N D F Q G P N H B R P V A A E J
```

## 96. TIKTOK INFLUENCERS

```
T O V T L H X M P W Y S U R Q G Y X T X T
K H B K I N T S I P A R E H T D N A L S I
K F E A D H P J Y K Y C R B K J H F P F N
O X N D G A G C S W A W O O F L R S F T M
G A B O A Q U E Z M Z I W Z G Q F W R S E
S E G V S I Y G M I H H M G O A G T E N S
F W C R X L L N N B E N L I P M S L B Y F
C Q E A F M I Y E I H Z M J G E I A Y T A
P N Y G P I L W V E Y P Q U N Z P L S Q I
Q H X G B S G J O I R R B J Q B N R I H K
G S T M L S E C K X C G T Y Y K I C P E A
I P I C F P Y H Q S O T R S P C E Y P R T
F X W S Q F W X T H C X O E I G M D S J S
M X Y R A M B N W H Y S A R V S P A E J A
G U N T S A N Q M K A L R N I E A Q Y P
D V Y J C E G G O E E J Z U N A X J P W A
S E V O M Y A M T X W M Z J Z A N I Z H Y
M G P V Z S S E N T I F Y E D N A P K D
S C I T S I L O H N E G A H N O T Y A P A
N X U X Q Q B F Z N Y P N R O W O U O X R
D D L D L Z B D X U Z Z I E W C Z A Y G R
```

# SOLUTIONS

## 97. YOGA PROPS

```
S M A D W Y A R M L O F S T U J D K
I D N R A V O R J D B R K G Y C N G
T K N I L P O G K W M B C G G S O S
X T F A E Q B A A L H F O V H P I G
H O I H B Z T L P W C P L G S A H E
U E F C Y E G E E X H H B H U R S C
W T P A Y Y C P K W A E F X T T U N
O T Y G N O O N O N D J E A H S C O
L W O O N R G S A P A Q M L D Y N I
L D R Y L B A A A T K L M W O B O H
I B J L Y N R N S N S D B G O Y I S
P J A C D L E L E W V I A H E P T U
E W O B V Y T C S K I B S R R Q A C
Y Y A B O X S M O I A N W E R P T U
E G P A Q F L S X L E K G E R E I F
Y H J W L T O Q L Z J Y G W W D A
E M K L Q X B D I E S O O A Q F E Z
E N A N M S R S R M S X K W H Q M I
```

## 98. INDIAN YOGA SCHOOLS

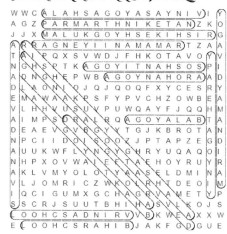

```
W W C A L A H S A G O Y A S A Y N I V I Y
A G Z P A R M A R T H N I K E T A N Z K O
J J X M A L U K G O Y H S E K I H S I R G
A R R A G N E Y I I N A M A M A R T Z A A
T A I P Q X S V W D J F H K O T A V O Y V
N G H S P T K A G O Y I T N A H S O S P I
A D N G H E P W B A G O Y N A H O R A A D
D L A O N I O J Q J Q O Q F X Y C E S R Y
E M A W A A K P S F Y P V C H Z O W B E A
V L H H V U S U V P U W Q A Y F A A N M A
A I M P S O R A L R Q A G O Y A L A B T A
D E A E V G V B G Y Y T G J K B R O T A N
N P C I I D O I S O O Z J P T A P Z E G D
A U U K W F L Y N G Y G H R Y U Q A Q O I
N H P X O V W A L E E T A E H O Y R U Y R
A K L V M Y O L O T Y A A S E L D M I N A
V L J O M R I C Z W K O L R H T D E O I M
I Q C I G U M X G C H A G R V A M E T Y P
S C R J S U U T B H I H A S V L K O J S
L O O H C S A D N I R V V B K W E A X X W
E L O O H C S R A H I B J A K F G D G U E
```

## 99. BEST YOGA SCHOOLS GLOBALLY

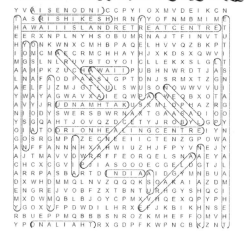

```
Y V A I S E N O D N I C C P Y I O X M V D E I K C N
A S R I S H I K E S H R N Y Y O F N M B M I M E
H A W A I I I S L A N D R E T R E A T C E N T R E T
E E R X N P L N Y H S O B U M R N A J T H V N E J Y
H M O N K W N X C M H B P A Q E L H V V Q Z B K P T
I O M C M A E C R M C H H A Y H J X K D S X Q W V I
M G S L N R U V B T O Y O I C L L E K X S L G L T
A A H P K Z U C H A W A I I P U B H N W R D T J A S
L N A F A O D P A A S I G P T D N J S R M X T Z O
A E L F J Z M J G T U L S W U S O N Q W W V V U I
Y W A Y A G W A V X A I E Q W P A W E Q B X O T A
A V Y J R U D N A M H T A K U S X M L Q P H A Z R G
N I O D Y S W E R S B W R N A X T G A A S A O I O O
Y S G Q A H T J O V Q Z D C E T Y J R O B Y L G P Y
O I A T O O R I O N H E A L I N G C E N T R E I Y N
G O S R G M P Z E C N E E I I C T E N Z G P O W A
A N F A N N H X A H U Z H J F P Y V N E J Y
A J T M A V V D W R F F E O R Q E L S N A A E Y A
C H C X C G V I A S O O O E C G E L G T J L
A R R P A S B A R T D I N D I A I D G M N B U A
D X W H D M M Q L N V Z Q Q Q K S O A K A I A Z D M
E N G R E J V O D P A A O I S B N T U R H G Y S H Q C I
M X D W M Q B L B J O Y C P M X V H Q E X Q P Y P H
V G O X V F P D W D I L H R X E F J K B I K H N S E
R B U E P P M Q B B B S N R O Z K M H E F F O M V H
Y P O N A L I A H T R X G D P F K W P N C B K Z N T
```

## 100. YOGA LOVING CELEBRITIES

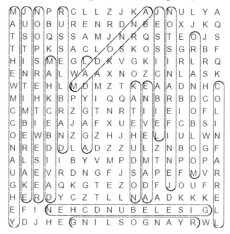

```
M J N P R C L L Z J K A J N U L Y A
A U O B U R E N R D N B E O X J K Q
T S O Q S S A M J N R Q S T E O J S
T T P K S A C L O S K O S S G R B F
H I S M E G O D K V G K I I R L R Q
E N R A L W A A X N O Z C N L A S K
W T E H L M D M Z T K E A A D N H C
M I H K B P Y I Q Q A N B R B D C O
C M T C R Z G T N R T I I E I O F L
C B I E A J A F X U E V E F C B S I
O E W B N Z G Z H J H E U I U L W N
A L S I I B Y V M P D M T N P O P A
U A E V R D N G F J S A P E F M V R
G K E A Q K G T E Z O D F U O F R
H E R D Y C Z T L L N A A D K K K E
E F I N E H C D N U B E L E S I G L
Y D J H E G N I L S O G N A Y R W L
```

# Other Word Search Books

If you've enjoyed this word search then we have more! Puzzles include outdoor activities, rivers, lakes, hikes, wild swimming, paddle boarding, forests, trees, flowers, trig points, caves, hills and lots more. Researched and designed by a local adventurer covering the UK counties of Gloucestershire, Herefordshire and Worcestershire.
**Scan the QR code to order**

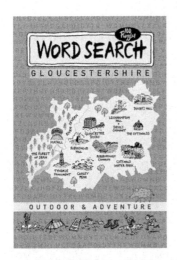

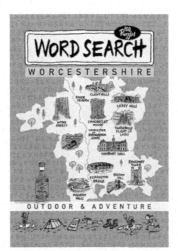

Printed in Great Britain
by Amazon

31202796R00066